LETTRE

À

UN ÉLECTEUR DE PARIS.

SE VEND :

A Amiens, chez ALLO, libraire.

à Besançon, chez GIRARD, libraire.

à Bordeaux, chez { GAYET, libraire. / Madame veuve BERGERET, libraire.

à Caen, chez Auguste LEGRESNE, libraire.

à Clermont-Ferrand, chez THIBAUT-LANDRIOT, imp.-lib.

à Dijon, chez COQUET, libraire.

à Grenoble, chez DURAND, libraire.

à Leipsick, chez GRIESHAMMER, libraire.

à Lille, chez VANACKERE, libraire.

à Lyon, chez MAIRE, libraire.

à Marseille, chez MASVERT, libraire.

à Metz, DEVILLY, chez libraire.

à Montpellier, chez GABON, libraire.

à Rennes, chez de KERPEN et DUCHESNE, libraires.

à Riom, chez SALLES, libraire.

à Rouen, chez { FRÉRET aîné, libraire. / RENAULT, libraire.

à Strasbourg, chez TREUTTEL et WURTZ, libraires.

à Amsterdam, chez { DELACHAUX, libraire. / DUFOUR, libraire.

à Breslaw, chez Th. KORN, libraire.

à Bruxelles, chez LE CHARLIER.

à Genève, chez PASCHOUD, libraire.

à Londres, chez { BOSSANGE ET MASSON, 14 Great-Marlborough-Street. / TREUTTEL et WURTZ, libraires, 30 Sho-Square.

à Manheim, chez FONTAINE.

à Perpignan, chez ALZINE, libraire.

à Varsovie, chez GLUCSKBERG et comp., libraires.

à Toulouse, chez SENAC, libraire.

à Turin, chez BOCCA, libraire.

à Vienne (Autriche), chez SCHALBACHER, libraire.

LETTRE

A

UN ÉLECTEUR DE PARIS;

PAR M. DE PRADT,

ANCIEN ARCHEVÊQUE DE MALINES.

PARIS,

F. BECHET, LIBRAIRE,

RUE DES GRANDS-AUGUSTINS, N.° 11.

SEPTEMBRE 1817.

AVIS.

Les formalités voulues par la loi ayant été remplies, je poursuivrai devant les Tribunaux les Contrefacteurs ou Débitans d'Edition contrefaite; tous les exemplaires sont signés par l'Editeur.

LETTRE

A

UN ÉLECTEUR DE PARIS.

MONSIEUR,

Vous avez la bonté de me demander mon opinion sur le choix des hommes qui doivent, pendant cinq ans, prendre dans la Chambre des Députés la place à laquelle les auront appelés les élections qui se préparent. C'est une grande tâche que vous m'imposez là, car il s'agit de bien grands intérêts : aussi, pour vous obéir, ai-je besoin d'être soutenu par deux motifs puissans, l'intérêt de la patrie et le respect dû aux appels faits par l'amitié. Conseiller est en soi-même un assez méchant métier, et je suis par nature encore plus éloigné de donner conseil que de le suivre. C'est donc ce que vous avez exigé, et non ce que j'ai offert, que je vais vous livrer : si les offrandes volontaires invitent à la reconnaissance, celles que produit cette espèce de soumission par laquelle on prévient la disgrâce d'un refus, et l'on trouve facilement au refus un air de famille avec la mauvaise volonté, ont droit à l'indulgence. Puisse la vôtre préparer celle du public!

Le bon génie de la France semble avoir guidé la main qui puisait dans l'urne constitutionnelle les noms des départemens destinés à concourir au renouvellement partiel des membres de la Chambre, lorsqu'il a fait sortir celui de la glorieuse ville de Paris, de cette reine entre les nombreuses cités qui couvrent le vaste et fertile sol de la France ; de cette ville qui se maintient depuis des siècles en possession de la suprématie sur le goût, les sciences, les arts, comme sur les plaisirs délicats de la société et de l'esprit. Modèle de l'élégance, législatrice du bon ton, métropole de toutes les jouissances, la ville de Paris étend sur l'univers le sceptre de ses opinions, l'empire de ses mœurs, fait de son imitation l'objet de l'ambition, de la supériorité et de la gloire; et, par une réunion qui n'appartient qu'à elle seule, de tous les attraits qui peuvent donner du charme à l'existence, elle enchaîne à son séjour les habitans de toutes les contrées de l'univers, et laisse dans l'âme de ceux qui l'ont connue un sentiment qui fait que ce n'est jamais sans soupirer et sans détourner la tête que l'on s'en éloigne. La France, chaque département mettant à part son importance personnelle, a dû applaudir, que dis-je, tressaillir, en apprenant que la ville dont ils attendent et reçoivent chaque jour, avec un empressement toujours nouveau, tout ce qui peut contribuer à former leur esprit, était appelée à concourir avec eux à un acte qui, bien important dans tous les temps, reçoit des circonstances une gravité toute particulière : car il s'agit des premiers choix qui, depuis tant d'années, auront eu enfin une origine dégagée de tout mélange inconstitutionnel. Il s'agit d'un acte qui sera érigé en exemple; en effet, on ne peut se dissimuler que l'on cherchera à donner aux élections qui vont avoir lieu, et particulièrement à celles de Paris, l'autorité *des précédens*. Les élections qui, dans tous les temps, sont d'un si grand intérêt pour une nation, le sont donc encore plus dans celui-ci : car elles sont destinées à frayer la route; et dans l'ordre politique, le début, comme principe, est tout : la force des choses fait suivre, et ce n'est guère que par des secousses que l'on en rappelle. Si donc la première route est droite, on ira bien et long-temps. Il n'y aura, pour ainsi dire, qu'à s'abandonner à un cours de choses qu'aucun obstacle n'embarrassera; la rectitude de la ligne en facilitera l'usage. Si au contraire le chemin est raboteux et tortueux, on ne marchera pas, on cahotera. Les secousses produiront le malaise; le temps se passera en accusations contre la main malhabile, auteur de ces gênes, à désirer, à rechercher le redressement, et que l'on se souvienne que presque toujours on n'y arrive que par des mouvemens violens.

Lorsqu'une autorité, qu'on pourrait appeler absorbante, tient lieu de tout dans l'Etat, ou veut se faire passer pour l'Etat lui-même, ainsi que le disait naïvement Louis XIV (1) dans un de ces épanchemens involontaires qui décèlent un despotisme inné qui se regarde comme le principe et le terme de tout, les élections n'offrent pas plus d'intérêt au public que les élus n'obtiennent de considération et de poids. De part et d'autre on sait à quoi s'en tenir. Qu'importe en effet l'appel à des talens dont l'essor se trouve retenu, à des vertus réduites au douloureux sentiment de leur impuissance? Qu'importent à une nation des changemens d'hommes qui ne changent rien aux choses? Mais ici c'est toute autre chose. Les liens qui entravaient nos pieds sont rompus; on a

(1) Mot de Louis XIV. Que dut-il en penser le 1er septembre 1715?

enfin obtenu de marcher seuls. Si toutes les lisières ne sont pas brisées, du moins sont-elles relâchées; la carrière s'ouvre; il s'agit d'assurer ses pas; les obstacles, disons tout, les piéges seront semés sur la route, de fausses lueurs seront présentées, de fausses espérances seront propagées; l'intérêt, la brigue, l'ambition, sous mille couleurs et sous mille prétextes, assiégeront toutes les portes, envahiront, si elles peuvent, tous les postes. Paris, soleil de la France, lève-toi; dissipe ces vapeurs à la clarté de tes rayons, un souffle de ta bouche suffit pour cela; étends ta vive et bienfaisante lumière sur toutes les parties de notre horizon; sers de fanal à tous les yeux; ils sont fixés sur toi. Dans tout le cours de la révolution, tu fus plus que jamais la capitale de la France : ce que tu pensas, elle l'adopta; ce que tu fis, elle le répéta; ce que tu rejetas, elle l'écarta; le même hommage de confiance t'attend encore dans ces momens suprêmes. En toi se trouve le foyer le plus épuré des lumières; les plus nobles sentimens fermentent dans ton sein ; tu connais nos dangers, nos besoins ; tu sais les choses comme les hommes ; rien n'échappe à la pénétration de tes regards ! Sois tout à la patrie ; autour de toi réduis tout à ce seul mot ; montre ce noble but à ceux qui vont partager les mêmes fonctions, et qu'à ton exemple, comme à tes côtés, que tout ce qui contribuera à donner à la France de nouveaux représentans, soit pur, éclairé, digne d'elle, et digne de toi.

PREMIERE PARTIE.

PRINCIPES.

Il est une loi véritable, qui est la droite raison, conforme à la nature, répandue dans tous les esprits, qui prescrit le devoir par ses commandemens, et qui détourne des fautes par ses arrêts : capable d'exciter et de régler le bon, impuissante à diriger et à contenir le méchant. On ne peut ajouter ni retrancher à cette loi ; sénat et peuple sont insuffisans pour en délier. Ne cherchez hors d'elle ni explication, ni interprète ; elle ne diffère ni à Rome, ni à Athènes ; elle n'est point autre aujourd'hui, autre demain ; mais dans son sein immuable et immortel sont renfermés tous les temps et tous les peuples. C'est au Dieu, dont le pouvoir embrasse tout, que remontent l'origine, la dispensation et la promulgation de cette loi. Ne pas lui obéir, c'est se fuir soi-même ; c'est méconnaître la nature de l'homme, et par là même se condamner à des peines auxquelles on n'échappera pas, même en parvenant à se soustraire à ce qui, parmi les hommes, passe pour des supplices (1).

---

(1) Est quidem vera lex, recta ratio, naturæ congruens, diffusa in omnes, constans, sempiterna, quæ vocet ad officium jubendo, vetando à fraude deterreat, quæ tamen neque probos frustrà jubet, aut vetat, nec improbos vetando aut jubendo movet. Huic legi nec abrogari fas est, neque derogari ex hac aliquid licet, neque tota abrogari potest. Nec verò aut per senatum, aut per populum solvi hac lege possumus. Neque est quærendus explanator aut interpres ejus alius, nec erit alia lex Romæ, alia Athenis, alia nunc, alia posthàc : sed et omnes gentes, et omni tempore una lex sempiterna et immortalis continebit. Unusquisque erit communis quasi magister et imperator omnium Deus iste, legis hujus inventor, disceptator, lator. Cui qui non parebit, ipse se fugiet, ac naturam hominis aspernabitur, atque hoc ipso luet maximas pœnas, etiamsi cætera supplicia, quæ putantur, effugerit. (Lact., l. VI, c. VIII, fragmenta Ciceronis *de Republicâ.*)

Admirables paroles, si dignes de l'antiquité, vous devriez être toujours présentes à l'esprit de tous ceux qui siégent dans le sanctuaire des lois! Vous devriez y être inscrites en lettres d'or; vous en seriez le plus bel ornement!

Législateurs, vous tous qui commandez à vos semblables, voulez-vous ne pas vous égarer dans l'application du pouvoir que vous exercez? Méditez ces paroles. En elles se trouve le modèle, et comme le patron véritable des actions humaines; en elles sont renfermés le caractère auguste de la législation, son origine céleste, sa destination merveilleuse, son inflexibilité dans le maintien des principes, son éloignement de toute déviation du sentier tracé par le Ciel même, son immensité qui embrasse tout, son impartialité qui devant elle rend tout égal, son indépendance qui la tient affranchie et élevée au-dessus de toute influence étrangère à sa propre nature. Le fondement de tout est là: *La droite raison donnée pour guide à l'univers.* Avec elle il ne peut pas craindre de s'égarer; car, sur ses pas, il n'y a point de place pour l'erreur.

Faisons l'application de ce principe à la question qui nous occupe.

L'origine des sociétés appartient au Ciel; mais leurs divers modes d'existence appartiennent à la terre. L'un est vrai à l'égal de l'autre. Sujet par le principe, libre par les conséquences, l'homme se promène librement dans le domaine que le Créateur lui a assigné pour séjour. Si les premiers fondemens de l'édifice ne furent pas son ouvrage, le soin de la distribution intérieure lui fut abandonné : semblable au propriétaire de biens particuliers, l'homme, en général, a pu prendre, sur le sol qu'il occupe, tous les arrangemens conformes à ses intérêts et à ses goûts. Aucun mode n'agrée plus au Ciel qu'un autre : modèle de tolérance, comme de lumières, s'il voit tout, à son tour il tolère tout, il éclaire en prêtant ses feux; mais il ne dirige pas en dictant des ordres; quelque forme de régime qu'adopte chaque partie des lieux qui lui sont soumis, il continue de rouler d'un cours majestueux et tranquille, sur de petites inégalités qui ne lui importent guère, quelque bruit que l'on en fasse ici-bas; comme il est l'auteur de l'ordre, il ne veut que l'ordre; et c'est à son maintien, mais à lui seul qu'il veille et qu'il rapporte tout.

Les hommes ont donc le choix des institutions sous lesquelles ils se réunissent, dans les seules vues de leurs avantages mutuels; car, hors de cette considération, la société n'a plus de sens; elle reste dans la classe des charges sans compensations, c'est-à-dire une absurdité, à la fois et une injustice.

Mais si le fond de la société consiste dans le don que tous font à tous de toutes leurs facultés, pour recevoir les leurs en échange avec la même plénitude, tous ces tributs mutuels ne peuvent également être déposés dans toutes les mains; il est plus aisé de donner, que d'user du don; et, comme dans tout état, les tributs que paient les membres de la société ne peuvent être recueillis par tous à la fois, de même, dans la société en général, le tribut des facultés que chaque membre apporte à la masse commune, ne peut être déposé dans les mains de tous : cela même détruirait la société, et l'exposerait à périr par ce qui serait établi pour la conserver. Si tous peuvent et doivent donner, peu seulement doivent et peuvent agir au nom et pour l'avantage de tous; il faut donc un ordre fixe, et des chefs choisis pour le maintenir : mais c'est à la société seule et toute entière qu'il appartient de choisir ce mode conservateur de son existence, à laquelle elle rapporte tout, ainsi que les agens de cet ordre. Mais aussi, au moment où elle a formé et appliqué ce pouvoir, il faut qu'elle l'abdique; et, pour vivre long-temps, il faut qu'elle ne règne qu'un jour. Ce principe forme le tronc de l'arbre généalogique des gouvernemens divers sous lesquels l'humanité s'est rangée; elle a varié les formes d'après les variétés infinies que présentent l'esprit de l'homme, et les accidens du sol qu'il occupe; mais elle a retenu le principe comme son domaine invariable et imprescriptible. Les rameaux de l'arbre se sont étendus, se sont diversifiés, ont pris des teintes et des directions diverses; mais ils sont restés attachés au même tronc, et partis tous du même point, ils tendent tous au même but : celui de fournir un ombrage à toute la race destinée à vivre sous son feuillage.

Mais en exerçant le droit inné, le droit le plus cher de ceux qui peuvent leur appartenir, celui de déterminer le mode de leur gouvernement, et les agens qui doivent y présider, quel est le but des sociétés? La plus grande somme de bonheur qu'elles peuvent atteindre. Quel est le lien commun des membres qui forment le faisceau de ces sociétés? L'intérêt général. Car ce ne peut être qu'à lui que se rapportent les sacrifices si nombreux d'intérêts particuliers que la société exige de tous ceux qui entrent dans son sein : cet intérêt général est la compensation qu'elle peut offrir pour toutes les cessions d'intérêts personnels auxquelles elle assujétit.

Bonheur de la société, intérêt général, tels sont donc le but et l'instrument de l'ordre social : avec eux se résolvent, sans travail, toutes les questions relatives aux intérêts des sociétés ; et, de cette source si limpide dans son origine, si calme dans son cours, si découverte à tous les yeux, va découler un torrent de conséquences aussi précieuses qu'irrécusables. Telles sont la nature et le privilége de la vérité ; il ne faut que la bien établir. Au moment où elle sort du nuage, elle couvre tout de son éclat, et se saisit de tout par la force qui appartient à sa nature.

C'est ce qui va se manifester dans cette question.

Nul être, parmi ses semblables (1), n'ayant reçu du Ciel ni de la nature la supériorité qui constitue le droit de leur commander, et de les tenir assujétis, aucun ne pouvant l'avoir puisé dans sa nature propre, égale en tout à celle de ses semblables, une supériorité de

---

(1) On sent qu'il ne s'agit point ici des exemples de l'Histoire Sainte, qui ne peut jamais être l'objet d'une discussion politique.

cette espèce pouvant encore moins être héréditairement personnelle, il s'ensuit nécessairement que toute autorité parmi des êtres aussi égaux ne peut provenir que d'une délégation, c'est-à-dire d'un choix libre et volontaire, ayant pour but l'intérêt de tous, le plus grand bien de la société toute entière. Le monde *a donc commencé par être mis aux voix*, et n'a connu, dans le principe, que des élus, et point de maîtres. L'élection *est la racine de tous les pouvoirs* qui s'exercent parmi les hommes. Que la rectitude ou l'égarement de leur esprit leur en ait fait adopter de toute espèce, il n'importe; rien ne peut dénaturer ni faire méconnaître leur origine. A quelque hauteur, à quelque rang que soient élevés au-dessus de nos têtes ceux qui nous gouvernent, soit que le pouvoir ait été remis tout entier entre les mains d'un seul, soit qu'il ait été donné en partage entre plusieurs, soit qu'il soit attribué pour un temps ou sans terme limité, soit que la pourpre ou les faisceaux en rehaussent l'éclat, soit qu'on s'asseye sur des trônes ou sur des chaises cu-

en oubli les professions qui s'exercent dans la société, et en ne se rappelant que de la société qui les renferme toutes. Il n'est pas moins contraire à l'esprit général, qui doit tout diriger, de retomber sans cesse dans le choix des mêmes hommes; il porte naturellement à se demander si les diverses parties de la société sont réduites au degré de pauvreté et de maigreur, qui fait que, parmi elles, il ne se trouve presque jamais que les mêmes personnes portées aux postes dont elle peut disposer; que des hommes éminens, tels que malheureusement il s'en trouve trop peu, que ceux qui ont parcouru la carrière avec éclat, y soient rappelés et y restent. Objet persévérant des honorables suffrages de leurs concitoyens, l'intérêt général les réclame; et leur appel renouvelé, conforme à ce même intérêt, est à la fois un acte de justice envers eux, et un bienfait véritable pour la société. Mais que la même prérogative soit attribuée à une foule de noms obscurs qui ont beau se faire répéter, sans pouvoir se faire retenir, qui se représentent sans cesse sans pouvoir se faire reconnaître, qui enrouent, pour ainsi dire, la voix de la Renommée, sans pouvoir la faire parler d'eux; qui n'attestent, par leurs apparitions réitérées, que le trop malheureux succès de manœuvres dont l'intérêt général n'a pas été le but, pas plus que la lumière n'en a été le moyen: en vérité, cela n'est-il point une contradiction manifeste avec le but que la société se propose dans les élections? et la perpétuité d'un pareil désordre ne forme-t-elle pas le spectacle le plus décourageant pour le bon citoyen, ainsi que l'appel le plus formel à tous les moyens bas et vils de fendre la presse, et d'arriver au but à travers la foule, par toutes sortes de voies? Lorsque l'on retrouve sans cesse les mêmes noms attachés à la représentation des mêmes contrées, sans qu'ils soient en compagnie de titres éclatans à la considération publique, ne semble-t-il pas voir un signal de détresse arboré sur elles, ainsi qu'entendre l'aveu prononcé de leur impuissance à fournir mieux; par là, s'établit et s'enracine au sein de la société une aristocratie d'autorité, qui est la plus formidable de toutes. Rien ne paraît contrarier davantage que le fait cette méthode de perpétuité individuelle, l'intérêt que la société a à connaître tous ses membres : ils sont sa force et son trésor. Mais comment parviendrait-elle à cette connaissance, lorsque toutes les avenues sont occupées d'avance, lorsqu'elle se trouve elle-même enlacée dans des filets dirigés avec un art trop funeste, et lorsque des manœuvres, que l'on a su rendre irrésistibles, lui dérobent la faculté de fouiller, pour ainsi dire, dans son sein, pour en faire sortir ce qui s'y trouve de bon? Il est encore une combinaison également pernicieuse, et presque toujours décevante pour ceux-là-mêmes qui y cherchent un appui : je veux dire ces coalitions dans lesquelles des hommes s'entendent pour se faire accepter mutuellement leurs créatures. Là, il est bien évident que l'exclusion est donnée d'une manière directe à l'intérêt général, et que l'intérêt particulier est seul consulté : c'est évidemment soi seul que l'on a considéré, et non pas la patrie, en adoptant un homme qui n'est pas de son choix, pour faire à son tour adopter à un autre, un homme qui n'est pas davantage du sien; c'est là marchander et non pas assortir, comme l'exige l'intérêt de la société. Antoine, Lépide, Octave veulent se rapprocher; ils se donnent mutuellement leurs ennemis. De cette coalition impie sort la ruine de Rome; se donner ses amis peut devenir aussi funeste. Qu'importe, en effet, sur quel autel la patrie soit immolée, dévouée aux dieux de la cupidité ou de la vengeance? Qu'importe qu'elle succombe ou qu'elle soit livrée, si elle finit par périr? Et, ce qui arrive presque toujours à la suite de ces frauduleux concordats, c'est que l'on se retire avec le chagrin d'avoir adopté ceux que l'on n'avait point en vue, et de n'avoir pas fait admettre ceux que l'on sentait de son devoir de promouvoir. Ainsi, la déception venge la société de la fraude que l'on commet contre elle, et malheureusement le piége a beau être connu, indiqué, on vient toujours s'y faire prendre. Electeurs, voulez-vous l'éviter? Rien n'est plus facile : fermez l'oreille à toute proposition de coalition, de compensation dans la cession des suffrages; repoussez un don perfide qui vous lie à une concession désastreuse pour la patrie; ne voyez, n'écoutez, ne recherchez que ce qui en soi-même est bon, utile pour elle, capable de la servir, et digne d'acquitter la dette que vous avez contractée à son égard, dès que vous la représentez, dès que vous avez accepté la garde de ses intérêts.

Le volume de la représentation doit aussi être pris en considération; les masses portent avec elles un principe de résistance, soit à la force ouverte, soit aux attaques sourdes provenant de la corruption, et de tous les genres de séduction, qui ne peut appartenir au moindre nombre; la qualité est alors le correctif du défaut de quantité. Quand des chefs habiles livrent combat avec une poignée d'hommes, ils savent qu'elle est composée de soldats éprouvés, et ne confient pas leurs destinées à des novices dans ce périlleux métier : lorsque Léonidas entreprend de défendre les Thermopyles contre une armée, il sait qu'il a choisi sur tous les guerriers de Sparte.

Il faut aussi tenir compte de la mesure des attributions faites au corps que les électeurs ont à maintenir, en remplaçant les pertes que la loi lui fait subir à des époques déterminées. Autre doit être le besoin, lorsque ces attributions ont été dispensées d'une main libérale ou parcimonieuse; autre se présente-t-il lorsque des pouvoirs balancés peuvent se soutenir les uns auprès des autres, sans se choquer, en observant entre eux un juste équilibre. Des prérogatives étendues, nombreuses, renferment des garanties que l'on chercherait en vain dans des concessions plus restreintes, par lesquelles il se trouve qu'un pouvoir dépasse, à une grande distance, ceux avec lesquels il doit se rencontrer, et semble, au sein de son opulence, avoir réduit les autres au strict nécessaire. Ce qui manque à la place du côté des défenses que l'art lui a données, doit se retrouver dans l'espèce des défenseurs qu'un choix éclairé aura faite pour elle; alors la garnison tient lieu de remparts, et la force des cuirasses et des bras supplée à la faiblesse des murailles. Et, comme dans un sujet si grave, tout porte coup, soit en bien soit en mal, il n'est point jusqu'à la faculté physique de remplir avec assiduité ses fonctions, qui ne doive être évaluée dans le choix des représentans: la société veut trouver en eux des serviteurs; mais à quels services peut-elle s'attendre de la part d'hommes que le soin de leur propre conservation occuperait ou retiendrait trop long-temps loin des lieux où elle les a adressés? Dans mille circonstances, surtout lorsque la représentation est fort réduite en nombre, les plus importantes délibérations peuvent tenir à l'absence de quelques têtes; des rangs déjà bien minces ne peuvent encore être éclaircis sans danger, et ce n'est point par des bras débiles et désarmés, mais par des soldats toujours à leur poste, que la patrie peut être défendue. Une multitude de causes contribue toujours à renouveler les motifs d'absence, parmi une réunion d'hommes; lors donc que la députation se compose déjà de peu, que reste-t-il pour vaquer aux travaux de toute nature qu'elle exige, si elle est encore amincie par les retraits forcés des infirmités, qui viennent aggraver les sacrifices qu'exigent les devoirs de la société, toujours si nombreux et si exigeans dans les grandes cités, où tout force à former les réunions nationales ?

La société, comme tout particulier, n'entend confier le soin de ses intérêts qu'à des hommes dont les principes sont bien affermis contre toute espèce de séduction, de corruption, d'entraînement vers une direction contraire à la mission qu'ils ont acceptée; mais, après s'être assuré en premier lieu de la moralité, il faut de plus regarder au talent: car ce n'est pas tout qu'une main soit pure, il faut encore qu'elle soit habile, c'est-à-dire ferme, légère, prudente, flexible suivant qu'elle doit s'appliquer à des sujets divers. La carrière de la législation est immense dans son étendue et dans ses détails; la science a tour à tour à s'élever et à s'abaisser, à se prêter à mille nuances qui se rencontrent dans la complication des faces diverses que présentent les affaires publiques; la variété et la discorde des opinions, la lutte même des partis peuvent ébranler, étonner, égarer des hommes armés à la légère, ou dépourvus de ces dons heureux qu'accorde la nature, ou de ces moyens de défense que fournit la pénible et lente action de l'expérience et de l'étude. Si chacun, dans le soin de ses affaires ou pour sa conservation propre, recherche le plus habile, les intérêts généraux de la société ne réclament-ils pas la même préférence? N'est-ce point à ce qui parmi elle se montre le plus épuré, qu'elle doit les remettre? Le talent est au corps politique ce que la tête est au corps humain; siége de l'entendement et de la clarté, elle dirige tous les mouvemens du corps par les volontés qu'elle exprime ou les jugemens qu'elle forme; elle éclaire tous ses pas par la lumière des deux flambeaux qu'elle recèle; et, pour soutenir cette comparaison, ajoutez que si la tête est l'honneur du corps humain, le talent est celui des sociétés. S'il les sert, il les décore aussi, il tourne également à leur gloire et à leur utilité : la gloire d'une nation n'est-elle pas au nombre de ses premiers intérêts ? Et où peut-elle en placer le siége d'une manière plus apparente que dans ces hauts lieux d'où elle parle à tous ses membres, d'où elle fait parvenir le son de sa voix à l'oreille de l'univers ? Les peuples ont toujours tiré de leurs grands orateurs politiques autant de gloire que de leurs plus grands chefs militaires ; Athènes, Rome, Londres s'honorent autant de Démosthène, de Cicéron, de Pitt, que de Thémistocle, de Scipion, de Marlborough, et par le privilège attaché à sa nature, les effets et l'éclat du talent vivent et durent encore long-temps après que ceux des faits politiques sont éclipsés. Aimez donc, recherchez, produisez le talent; par son essence, il ne reste jamais neutre, l'inaction n'entre point dans les élémens dont il se compose ; s'il ne sert pas, il nuit ; il est bon à tout, soit placé sur le seuil de l'édifice pour en défendre l'entrée, soit sur le faîte pour en former l'ornement. Il n'est point de place à laquelle il ne convienne et qu'il ne décore, dont il ne soit propre à remplir le service comme à rehausser l'éclat.

Mais c'est surtout l'indépendance qui est indispensable dans les représentans d'une nation, et qui doit éclater au premier rang des qualités qu'elle a droit d'exiger d'eux; par ce mot, nous n'entendons point cette indépendance sauvage qui ne connaît point de frein, qui se dérobe à toute espèce de joug, qui rejette toute règle; nous n'entendons pas davantage cette indépendance perturbatrice qui ne s'accommode de rien de ce qui existe, qui recherche dans l'élément principal de la société qui est la fixité, un principe toujours actif de remuemens et d'agitations, et qui fait rejeter *le positif* d'un ordre établi, pour courir après le bien idéal et fugitif d'un ordre imaginaire. La société est un vaisseau sur lequel nous sommes tous passagers, dont par conséquent il faut suivre la marche, *tout en relevant soigneusement son estime*, et celui qui prétendrait se constituer indépendant au milieu d'elle, et séparer sa marche de la sienne, ressemblerait à un homme qui prétendrait marcher à part du navire qui le porterait, et qui, en *voulant courir des bordées pour lui seul*, victime de sa folle séparation, courrait s'engloutir dans les flots. Mais nous entendons par indépendance le détachement absolu de tout assujettissement, de tout engagement contracté avec un autre ou avec soi-même, en vue d'intérêts personnels, d'avantages à conquérir ou à conserver, de devoirs à concilier avec ceux que de son côté commande l'état de représentant. La corruption grossière est peu à craindre; ne se vend pas qui veut, ne trouve pas toujours des acheteurs qui en cherche. Dans notre ordre social, ces honteux contrats portent avec eux trop de dangers; ils laissent trop de traces après eux, ils prêtent à trop de fâcheuses découvertes : la cupidité s'arrête devant la crainte de l'indiscrétion, et de la flétrissure qui en est la suite. Ce n'est donc point de ce côté que l'indépendance est plus ouvertement menacée ; il est bien d'autres voies plus détournées et non moins sûres pour arriver à l'entamer, qui font le même dommage à la chose publique, en ne faisant pas courir le même danger à l'honneur : je veux parler de ces engagemens secrets que l'on se trouve avoir contractés avec soi-même, par l'occupation ou par la recherche d'emplois auxquels sont attachés la considération et la fortune ; pour celle-ci son absence absolue, au milieu des honneurs dont jouit la richesse, est un écueil contre lequel la prudence n'ira jamais heurter. Que d'abord le représentant soit toujours au-dessus du besoin ; que ce ne soit jamais parmi des nécessiteux qu'on aille le chercher ; et que le sentiment des convenances supplée à ce que la loi n'a fait qu'ébaucher à cet égard. Je veux encore parler de cette sollicitation des places pour ses proches ou pour ses amis, par laquelle on s'enlace même sans s'en apercevoir, on atténue sa force de résistance, et l'on finit par aliéner la disposition de son suffrage, qui se trouve ainsi dépendre du succès de démarches dont il est inévitablement le prix. Ce pacte est écrit dans la nature des choses, et l'on ne peut se soustraire à ses effets, lorsqu'on a eu le malheur d'en admettre le principe. Dès-lors donc que l'on ouvre la porte aux vues intéressées, de quelque nature qu'elles puissent être, dès qu'il y a le moindre mélange d'ambition pour soi ou pour autrui, c'en est fait de la probité sociale; l'indépendance est perdue, l'ennemi a pénétré dans la place : que ce soit par la brèche ou par la mine, qu'importe? Il tient les clefs, vous ne les reprendrez plus; vous êtes livrés, vous livrerez infailliblement la patrie. Il faut donc que rien ne puisse commander au représentant, qu'il soit toujours prêt à répondre à toute tentation et à tout tentateur contre son indépendance, ce que le jaloux Orosmane répond à celui qui ose lui parler de rançon pour l'objet qui a su l'attendrir.

Elle n'est pas d'un prix qui soit en sa puissance.

Qu'il soit comme lui amant jaloux de cette liberté que l'absence de toute vue ambitieuse, de tout devoir envers autrui, laisse de ne céder qu'à la force de la conviction propre, qu'à l'impulsion de la conscience : c'est alors que sera remplie véritablement la destination que la société se propose en se donnant des représentans. En effet, qne veut-elle, que peut-elle vouloir? Que cherche-t-elle dans son représentant? Un homme à elle, et une garantie pour son intérêt. Or, elle n'a que la moitié d'un homme, lorsque celui-ci est déjà à un autre, lorsqu'il doit se partager entre deux services; lorsque celui-ci, appartenant encore à d'autres fonctions, peut se trouver par elles en opposition avec celles qu'il tient de la société. Elle n'a pas davantage de garantie; car quelles garanties peut offrir celui qui se doit encore à d'autres? Il a déjà aliéné sa liberté; et, lorsqu'il y aura combat entre ses différens devoirs, auquel sacrifiera-t-il, surtout s'il y a liaison entre ces mêmes devoirs et son intérêt propre? L'indépendance complète, absolue de toute influence des hommes et des choses est donc de rigueur, et constitue la qualité fondamentale du représentant de la société. Il serait bien étrange qu'elle fût plus maltraitée que les particuliers, parmi lesquels on n'en trouverait pas un seul assez dépourvu de sens pour accepter, et, à plus forte raison, pour désigner lui-même comme son mandataire, le mandataire de son compétiteur. Quelques qualités que possède d'ailleurs le représentant, s'il ne se distingue pas éminemment par celle-là, toutes les autres sont nulles; elles peuvent même devenir funestes, et ne sauraient racheter l'absence de la première. Il n'est pas indépendant, il n'est rien. Il faut faire marcher à la suite de cette considération, car il y a liaison entre elles, celle qui prescrit de s'abstenir désormais de l'empressement avec lequel on a vu appeler dans les élections les proches des hommes qui occupent des postes importans dans la société. La Bruyère a dit qu'il naissait une infinité de parens à un homme dans la nuit qui précédait le jour où il était nommé ministre. Il naît de même des représentans pour une nation dans la famille de quiconque occupe ou atteint un poste élevé ; on pourrait même donner le tarif des promotions qui reviennent, par ce nouveau droit, aux familles des hommes en place : un premier commis vaut au moins une promotion, une direction générale ne peut se passer de deux, une première présidence ne peut s'en tenir à moins que le même nombre; et, lorsqu'on arrive aux postes tout-à-fait supérieurs, alors pour que tout soit en règle, et qu'aucune proportion ne soit violée, il faut que ce soit toute la famille. Ces promotions aux places renferment une propriété bien précieuse, celle de dessiller les yeux, et de faire apercevoir distinctement une foule de talens et de mérites qui, jusque-là, étaient restés imperceptibles, et que, sans cette heureuse violence faite à la modestie des propriétaires, on courait risque de ne jamais découvrir. D'où il arrive souvent qu'une famille est parfaitement représentée, mais que la société ne l'est pas tout-à-fait autant; d'où il arrive encore que lorsque la mobilité, qui se fait remarquer dans les places, et qui entraîne si fréquemment les hommes, vient à avoir son effet et à atteindre ces espèces de patrons, le client, dont la place du déchu avait fait la promotion, et peut-être le mérite le plus apparent, ne répond plus à rien, et reste sans liaison avec l'ordre au milieu duquel cette clientelle l'avait jeté. Sûrement, cela n'a rien de commun avec cet ordre de droite raison, que dès le début de cet écrit, nous avons montré établi pour former le régulateur de toutes les actions humaines. C'est elle qui va nous guider encore dans l'application des principes, que nous sortons de développer, á l'ordre des élections actuelles, dans leur rapport avec l'état présent de la France.

SECONDE PARTIE.

APPLICATION DES PRINCIPES AUX ÉLECTIONS ACTUELLES.

Ne perdons point le temps à louer ni à blâmer la France de ce qui s'est passé dans son sein depuis trente ans. Malheureusement c'est le sort de presque tout ce qui s'écrit sur notre patrie. D'un côté célébrer des triomphes, de l'autre rappeler des excès. De part et d'autre on ne sort guère de ce cercle : tous les deux sont fondés ; mais avec la différence que les excès ont été bornés à une courte époque et au petit nombre alors armé du pouvoir, et que les hauts faits ont rempli un grand nombre de jours, et furent l'ouvrage de tous. Il serait bien temps de cesser de tout confondre, pour se donner le triste droit de calomnier la patrie : cette maladie a été particulière à notre époque. Après Marius, Sylla, Octave et leurs proscriptions, qui dépassent de beaucoup celles que nous avons à déplorer, l'on ne vit point une partie des Romains chercher des jouissances parricides dans l'accusation et la flétrissure de leur patrie ; on ne vit point, après des troubles bien autrement longs et sanglans que n'ont été les nôtres, quoique dépourvus des mêmes compensations de grandeur et de gloire ; on ne vit point, disons-nous, une partie des Anglais faire consister leur bonheur à jeter sur leur patrie un jour défavorable, odieux, et travailler à se déshériter eux-mêmes de la part qu'ils pouvaient prendre à la gloire qu'elle avait acquise en d'autre mains ; l'inimitié entre les partis ne créa point d'ennemis à la patrie elle-même. Prenons donc la France au point auquel elle se trouve.

Elle est revenue à ce qu'elle voulait en 1789 ; une lutte terrible au dedans et au dehors n'a pu le lui faire perdre de vue, tant est grande la force des idées conçues par tout un peuple : elles bravent le fer et le feu; elles triomphent de la force, des embûches; elles survivent à tout. En 1789, la France voulait une constitution, et la voulait d'un vœu unanime : il faudrait se déclarer aveugle, ou bien abjurer toute bonne-foi, pour contester ce point. Elle le voulait avec force, et l'exécuta avec énergie, parce qu'elle fut contrariée avec obstination et maladresse, et, qu'ayant à se faire jour à travers d'une multitude d'intérêts, il fallut bien abattre ce qui ne voulait pas céder. Telles furent à la fois l'attaque et la défense. Le but était l'établissement d'un gouvernement libre, régulier, dégagé des abus anciens, des routines anciennes, des préjugés anciens, en un mot, un mode fixe de gouvernement dépendant uniquement des lois, et à l'abri de tout arbitraire. De celui-ci on en avait eu tant, qu'il était passé de mode pour tout le monde. Après avoir reçu, de la seule main qui restât au duc de La Vrillière, plus de lettres-de-cachet qu'Annibal n'envoya à Carthage d'anneaux de chevaliers romains tombés aux champs de Cannes, il était fort naturel d'en être rassasié. La répétition même des meilleures choses finit par fatiguer. Après avoir vu mille acteurs passer tour à tour sur le théâtre du ministère, pour tomber les uns sur les autres à la clameur publique et au bruit des sifflets, entre nos malheurs et leurs maladresses ; à force d'avoir entendu le souverain et ses cours se reprocher mutuellement d'avoir envahi les pouvoirs publics, et se demander réciproquement où ils étaient, et en quoi ils consistaient, il était bien simple de vouloir enfin connaître à qui ils appartenaient, comme de leur donner des dépositaires incontestables. Tout, à cette époque, tendait donc à la liberté, à l'ordre, à la fixité : on se proposait un but distinct. A l'époque de la Ligue et de la Fronde on remua, on tracassa, mais rien ne resta, parce qu'il n'y avait point de but fixe. Les lumières de 1789 n'illustraient point cette époque : les acteurs étaient plus grands que la scène ; en 1789 la scène fut souvent plus grande que les acteurs. Coligny, Condé, De Retz, Turenne, valaient mieux que ce qu'ils faisaient : c'étaient des ombres immenses projetées sur un tableau resserré. Aussi leur action ne se rapportant qu'à des hommes, n'a point laissé de traces, au lieu qu'en 1789, ce n'étaient point les hommes qui poussaient, mais les choses qui poussaient les hommes, et qui les précipitaient dans une direction déterminée : celle de l'établissement d'un ordre fixe qui aurait pour base l'égalité, et pour but le bien général de l'association. Le Ciel ne permit pas que, dès ce moment, la France jouît du noble prix de ses travaux. Pour nous consoler, disons avec le poète romain :

Nimium vobis Romana propago
Visa potens, superi, propria hæc si dona fuissent...

Mais ce qui alors fuit loin de nous, s'en est rapproché. Nous avons une loi, et nous devons vivre et raisonner d'après elle ; par elle nous sommes initiés au gouvernement représentatif. Quelque temps qu'il se soit fait attendre, quelque cher qu'il ait coûté, observons cependant qu'en France il y a eu moins loin de 1789 à 1814, qu'il n'y eut en Angleterre de 1215 (1) à 1688 : le passage, il est vrai, a été orageux, mais rapide. Voyez aussi le temps que nos voisins ont mis à faire la même traversée, et par quelles routes ils ont passé. Nous sommes donc en possession du gouvernement représentatif; mais il faut l'avoir avec ses attributs, sa rectitude, de fait et non pas seulement de nom. Or, quelle est la base du gouvernement représentatif? L'élection de ceux que la nation, d'après des règles convenues, envoie pour exercer la partie du pouvoir que la constitution lui assigne. Quel est le moteur, le levier principal de cette espèce de gouvernement? L'opinion publique. Par conséquent, l'élection, et la manifestation de

---

(1) Epoque de l'établissement de la grande Charte, 13 juin 1215, arrachée à Jean-sans-Terre, abandonné par tout le monde, réduit à n'avoir plus autour de lui que sept chevaliers. Ce prince, revenu à une meilleure position, révoqua la Charte; elle fut réprouvée par le Pape, qui trouvait fort mauvais que les Anglais fissent leurs affaires sans lui, auquel le roi Jean avait assujéti son royaume.

l'opinion sur les questions d'intérêt public, forment l'état élémentaire et permanent du gouvernement représentatif. Dans cet ordre de choses, le soin principal doit donc se rapporter à bien choisir les représentans, et à bien connaître l'opinion; hors de là, il n'y a que faux pas, et danger de tout intervertir. Car, si les représentans ne remplissent point leur destination, si l'opinion est méconnue ou dénaturée, alors sur quoi porte le gouvernement représentatif?

Maintenant, quel est l'état moral de la France? A ne consulter que les tableaux multipliés qu'en ont fait des aveugles, des dupes ou des fripons; à s'en rapporter aux déclamations des uns, aux lamentations des autres, la France serait un pays inhabitable; ses habitans attaqués par la gangrène révolutionnaire jusqu'à la racine de leur moralité, brouillés avec le Ciel, en guerre avec la terre, dignes de l'animadversion de tous les deux, devraient, pour leur amendement, être tenus à un régime austère, et contenus par la menace toujours présente du châtiment, et l'aspect continuel des instrumens du supplice; génération à la fois indigne du passé, et menaçante pour l'avenir. Telles sont les obligeantes couleurs sous lesquelles des hommes, qui poussent l'imposture jusqu'à se dire Français, osent représenter leur patrie, même aux yeux de l'étranger, auprès duquel ils lui ont beaucoup nui, en ajoutant à leur défiance. Eh bien! la déraison et l'insulte ont broyé les couleurs de ce tableau; s'il est hideux, il est absurde: le Français n'est rien de ce qu'il indique, il est tout ce qu'il n'indique pas. Que l'on apprenne à le connaître. Le monde a assez éprouvé la force de son bras. Les chevaliers si vantés d'autrefois envieraient ses nouveaux exploits. Son esprit et sa grâce sont encore en possession d'éclairer, de charmer l'univers, de fournir à son instruction, à ses plaisirs, d'être l'objet de son envie et de ses recherches d'imitation. De ce côté, il n'y a rien de changé; mais, d'un autre, sa raison s'est étendue, agrandie avec l'horizon qui s'est développé devant elle. Le Français a vu, il a entendu des choses qui auparavant n'existaient pas pour lui. La science n'a plus de secret ni d'exclusion pour personne; l'instruction générale l'a mis en commun, et y prend part qui veut. Un langage nouveau, une vie nouvelle se sont formés partout; et souvent, du père aux enfans, il y a dix générations de distance. L'aisance générale marche de front avec ce changement moral, l'étend et le consolide, car, dans cette carrière, on ne rétrograde sur aucun point, il faut que tout marche à hauteur. Plus éclairé, le Français est aussi plus calme, parce qu'il voit plus distinctement les objets. Ce ne sont que les ignorans qui se mettent en mouvement à la moindre déception, au premier bruit dont ils ne devinent pas l'origine : le Français au contraire voit, juge, et fait dépendre son action de son jugement; instruit par l'expérience, il est inaccessible à la séduction, la tromperie lui a créé un tact merveilleux pour discerner l'erreur d'avec la vérité. *La méfiance est la prudence des peuples.* S'il se tait, il observe, il juge, il fait son choix. Il a banni également le scandale et les dérisions qui flétrissaient son culte ; tout ce qui offenserait ouvertement cet objet sacré, le blesserait lui-même. Tolérant sans superstition, comme obéissant sans servilité, s'il obéit avec docilité, il aime à être commandé avec lumières. Il n'a jamais rien à refuser à la voix de la raison ; dès qu'elle se fait entendre, il accourt, il vole, il franchirait l'espace, pour la suivre. Tombé, sans sa faute, du faîte de la grandeur, qu'il n'aurait jamais perdue avec un emploi mieux calculé de ses qualités, il supporte la chute avec dignité ; grand dans l'adversité comme dans la prospérité, s'il la regrette, cette grandeur, c'est sans provocations, sans embûches contre ceux qui jouissent de ses dépouilles. Réduit, par le sort, à voir une partie de son territoire servir de polygone à d'autres soldats qu'aux siens propres, la foi des traités l'enchaîne au maintien même des objets de sa juste douleur ; l'accomplissement des sacrifices acceptés repose sous la même loi d'honneur, et leur prodigalité même n'en fait contester ni différer aucun. L'Etat demande-t-il des tributs? l'or coule ; le Ciel sévit-il ? le travail redouble, l'industrie lutte avec les privations, et semble s'alimenter par elles ; l'abattement n'est nulle part, la plainte reste muette, le besoin contemple en silence les jouissances de la richesse ; les profits mêmes que procurent ses souffrances. Au sein de tant de malheurs, sur une immense étendue de terre, la sûreté n'a pas compté une attaque de plus, le trésor public un retard, les individus une violence ; l'esprit national a su donner à la plus cruelle épreuve qu'un peuple ait jamais subie, l'apparence d'un accident passager, qui l'atteignait à peine. Si ce n'est pas là de la grandeur, qu'on la définisse donc. Si un grand mouvement se fit ressentir à une époque déjà éloignée, et entraîna des suites funestes, l'intérêt des accusateurs eux-mêmes doit leur faire désirer qu'on n'en recherche pas la cause. Si des hommes, victimes d'égaremens personnels ou suggérés, gens qui ont l'air d'être lassés de vivre, se livrent à des entreprises qui méritent encore plus de pitié que de supplices, ignorant qu'ils sont de l'ordre au milieu duquel ils vivent ; voyez par qui ils sont suivis, soutenus, l'attention ou les regrets que la France leur donne. Et faut il d'ailleurs juger de l'état de la mer par l'écume que les vagues ont jetée sur le rivage, et qui le blanchissent encore long-temps après que la tempête est calmée? Il en est de même en France : le sol est rassis; quelques vapeurs sont sorties d'une terre qui naguère et long-temps présenta un immense foyer de conflagration; il n'y a pas là de quoi s'étonner. L'effet est dans l'ordre de la nature, le seul qui ne trompe point : il faudrait au contraire s'étonner qu'il en fût autrement. Quoi! une nation passe tout à coup, sans sa faute, d'une élévation sans exemple dans un abîme sans fond; tout change autour d'elle et au dedans d'elle; le passé redevient le présent, celui-ci à son tour montre un avenir suspect, on cherche les triomphes qui ont donné le droit d'assujétir... et l'on peut croire que tant d'hommes, enfans de leurs œuvres propres, accoutumés à des épreuves de tant d'années et de tant d'espèces, ne trouveront pas au dedans d'eux d'autres fibres sensibles que celles de la résignation! N'exigeons pas trop de l'homme, proportionnons les épreuves aux forces dont le Ciel le dota; ne nous effrayons pas trop de ce qu'il fit dans une circonstance donnée, et surtout n'en concluons pas qu'il le fera encore dans une autre. C'est étrangement méconnaître le cœur humain, que le juger ainsi. Par là même qu'une chose a été faite une première fois, on peut presque assurer qu'elle n'aura pas lieu une seconde; il faut encore plus de choses pour amener une ressemblance dans les événemens, ou dans la disposition de l'esprit, qu'il n'en faut pour former une ressemblance parfaite entre deux visages. Disons-le hautement, rien de ce que l'on a vu en France, n'est de nature à se renouveler : il est hors de l'esprit et des goûts Français. Cet esprit appartient tout entier à l'honneur national; il veut la science dans la conduite, la lumière dans la direction, la clarté dans le langage, la sincérité dans l'action. Plus de vaines paroles, on devine leur sens caché; plus de déguisemens, on les pénètre, tous les voiles sont percés ou soulevés;

plus de rigueurs : qui les craint? qui ont-elles arrêté? que seraient-elles pour tant d'hommes qui ont bravé tant de dangers? Des ignorans, des hommes qui ne savent rien apprécier, s'imaginent qu'il n'y a qu'à tendre une chaîne pour former une barrière; comme si l'on n'avait jamais brisé de chaînes, comme si l'on enchaînait tout un peuple. C'est sur cette règle qu'ils rêvent d'administrer la France. Ils se figurent que, parce qu'il y a des prévôts, et des soldats étrangers, la France est tranquille; que l'éloignement de ces deux auxiliaires de la paix publique serait le signal d'une détonnation générale de licence et de désordre, tandis que c'est tout le contraire qui arriverait. Belle manière en effet de calmer un peuple, que de tenir toujours devant ses yeux des objets qui les blessent! Que l'on retire cet appareil menaçant, et l'on verra si la France perd la moindre partie de cette assiette calme et tranquille, dont on rapporte si inconsidérément le principe à un mobile fait pour produire un effet directement opposé. Veut-on s'assurer des causes véritables de cette tranquillité? Eh bien qu'on laisse là les prévôts et les soutiens venus d'autres pays; que l'on s'adresse uniquement à la raison du peuple français, on verra s'il ignore ce que vaut le repos; s'il s'est follement figuré que l'homme a été créé pour passer d'une agitation à une autre, pour y consumer ses facultés et sa vie; s'il ne sait pas comparer entre elles les chances, les dangers et les profits des agitations, et si ce n'est pas d'après ces calculs de sagesse qu'il fait son choix. Le Français est calme, parce que sa raison lui dit qu'il doit l'être : si elle lui suggérait le contraire, qui pourrait le contraindre ou l'arrêter? La force intérieure, c'est lui-même. La force extérieure trouverait trente millions d'opposans; et l'on sait assez que la crainte est peu de chose pour des Français, une fois qu'ils ont pris leur parti de la braver. Relâchez donc le frein, dirons-nous à tous ceux qui ont à se mêler de sa direction, la finesse de la bouche de votre coursier le fait câbrer sous une main pesante; rendez-lui la liberté de son allure, ses pas s'affermiront, deviendront plus légers ; vous sentirez redoubler sa vigueur, sa grâce et sa souplesse. Ne vous inquiétez pas de l'état de la France ; jamais elle ne fut plus facile à diriger, jamais elle n'offrit plus de gages de sécurité ; mais ces dispositions sont à un prix : celui d'être gouverné avec lumière et vérité. Veut-on avoir une preuve bien funeste de la réalité de ces dispositions ? qu'on essaye de ramener les hommes et les idées dont le 5 septembre 1816 nous a si heureusement débarrassés. Il existe parmi les Français la plus heureuse disposition, et qu'ils possèdent dans un degré éminent entre tous les peuples : celle d'être sensibles à la confiance ; leur honneur est toujours prêt à acquitter la dette qu'elle leur fait contracter. Au lieu donc de tant commander, avec eux il suffit d'indiquer, de mettre un signe de lumière et d'honneur sur le but ; ils y marcheront tous seuls. Par exemple, si depuis quatre ans que l'on perd le temps en plaidoyers et en arrêts contre de pauvres livres, et souvent contre de pauvres auteurs, on eût fait comme le roi de Wurtemberg, qui, en déliant la presse de toute entrave, a mis, pour toute loi de répression, un hommage à la moralité de son peuple, en déclarant qu'il ne pouvait croire aucun de ses sujets capable d'en abuser, l'honneur des Français aurait fait tous les frais de la surveillance : il aurait gardé les portes de toutes les imprimeries, pour que rien d'impur ne s'y glissât; il eût banni de la société celui qui aurait tenté de franchir la barrière élevée par la confiance : on enfonce celles que la défiance a formées. On a voulu des lois; les tribunaux et l'opinion sont aux prises.

L'état moral de la France est donc bien constaté; elle veut un ordre constitutionnel, un gouvernement représentatif; elle le veut de toutes ses affections, de tous ses besoins, de toute sa raison, en un mot, de tout son être. Il est le principe de son repos, il fera sa stabilité; il faut donc qu'elle l'ait : car comment refuser ou enlever à tout un peuple, et ce qu'il désire, et ce qu'il tient, et ce qui le fait heureux et sage?

Maintenant, recherchons quel est l'état législatif de la France, et quelles sont les circonstances dans lesquelles elle se trouve. L'éclaircissement de ces deux points, joint à celui des précédens, conduira, par une pente naturelle et douce, à la solution de la question que nous examinons. Car, après avoir établi le droit d'élection, les principes de l'élection, l'état moral, législatif et politique du peuple qui fait les élections, on arrive sans peine à déterminer les sujets mêmes de l'élection.

Deux choses constituent l'état législatif d'un peuple : la composition de la chambre représentante, et ses attributions; la chambre des pairs est dans un autre ordre de choses, et ne peut faire le sujet de cet examen. La France compte près de trente millions d'habitans, et seulement deux cent cinquante-sept députés. On apercoit du premier coup d'œil la distance vraiment immense qui sépare les deux nombres. Il n'y a aucun rapport, aucune proportion entre eux; le parlement de Paris, toutes chambres assemblées, approchait du même nombre ; en calculant celui des autres parlemens copartageans du pouvoir législatif, dans leurs ressorts respectifs, par l'enregistrement, en ajoutant le clergé, les pays d'état, on trouve qu'en 1789, le nombre des hommes investis de la faculté de prendre directement part à la législation civile ou financière, dépassait de beaucoup celui que la Charte a déterminé. Nous savons que certaines combinaisons, qui appartiennent à l'ordre actuel, compensent une partie de ce désavantage; nous connaissons tout le prix de la réunion de ces pouvoirs dans un même centre, mais ils n'empêchent point qu'elle existe.

L'Angleterre, peuplée de dix-sept millions d'habitans, par la réunion des trois royaumes, compte près de sept cents membres dans son parlement-uni, et l'on calcule sur une présence habituelle de 550 votans. En suivant la même proportion, quoiqu'on ne la réclame point, il reviendrait à la France près de onze cents députés. Mais ce n'est pas seulement le nombre, la quantité arithmétique qu'il faut considérer, mais encore la qualité, et, pour ainsi dire, le volume des hommes qu'il faut comparer entre eux. La fortune, par conséquent l'état social, et le don inappréciable de l'indépendance qui en est la suite, n'ont aucun rapport dans les deux pays. En Angleterre, l'opulence, la grandeur des établissemens de commerce, d'industrie, d'affaires, auxquels préside une partie des membres de la chambre des communes, les relations que ces rapports leur créent dans les deux mondes, l'habitude des affaires parlementaires, comme celle des discussions politiques qui forment le fond des occupations de la population de l'Angleterre, rencontrent bien peu de choses correspondantes parmi les élémens qui concourent à la composition de la représentation en France. Dans ce cas, l'infériorité numérique est encore aggravée par l'infériorité du volume du personnel. On a voulu, je le sais, éviter les inconvéniens de la foule, à la bonne heure; mais, qui la demandait cette foule? N'y a-t-il donc que des extrêmes à embrasser dans la conduite des affaires humaines? Parce qu'un droit renferme quelques inconvéniens de détail, faut-il amincir ou atténuer ce droit, au point de l'énerver et de le réduire à la nullité? Lorsque les lumières du Monarque lui montrèrent les inconvéniens de cette réduction, un hommage général d'acquiescement et de reconnaissance suivit cet acte de raison et de justice; des regrets bien légitimes ont à leur tour suivi son retrait, et, pour se calmer, ils ont besoin de s'adresser à l'espérance. En tenant compte de la multitude des causes qui détournent habituellement un certain nombre de députés de l'assistance à la chambre, on trouvera que la moyenne proportionnelle de leur présence donne régulièrement deux cents membres prenant part aux délibérations. C'est trop pour un conseil, ce n'est point assez pour une représentation nationale : un conseil des deux cents excède peut-être les besoins de Genève, une chambre de deux cents membres reste au-dessous de ceux de la France. Que peuvent les rangs amincis de ce petit nombre contre la pression de la phalange toujours complète, et toujours existante de la prérogative royale, agissant avec tout le poids de ses attributs? Un gouvernement représentatif est un gouvernement balancé. On a dit avec raison de la constitution anglaise :

Ponderibus librata suis.....

Où se trouvent ici l'égalité des poids, et celle du bassin destiné à les recevoir et à les contenir? Un gouvernement représentatif est éminemment une représentation de l'opinion publique. Si peu d'hommes sont-ils bien propres à la représenter? Un gouvernement représentatif est une barrière élevée au-devant des libertés nationales, pour amortir l'effet de l'action continue du pouvoir exécutif, soit qu'il agisse sourdement, soit qu'il tente de se déborder, ou de la rompre. Mais n'est-ce point un rempart épais, une digue large et compacte qui, seuls, ont la force propre à soutenir cette double attaque? Je ne sais; mais cette disposition me paraît, à elle seule, donner, contre l'intention de son auteur, une tendance toute particulière à l'acte qui l'a créé. Il est vrai que l'on n'aperçoit pas tout du premier coup d'œil; souvent l'ouvrier a besoin d'observer long-temps le jeu de la machine qu'il a construite, pour en bien apprécier les ressorts. Rousseau avait raison de dire que le législateur devait vivre dans un temps, et travailler pour un autre; les lois d'établissement faites pour un peuple, sont conçues nécessairement en vue de durée; il faut donc y mettre en harmonie tous les temps, le passé, le présent, l'avenir. Quand, en faisant des lois, on a toujours sous les yeux certains exemples, quand on écoute les impressions encore subsistantes du passé, on s'expose à ravir, à un avenir étranger à ces incidens, la part qui lui revient dans l'ordre qui s'établit, et qui est destiné à l'atteindre à son tour; il peut se trouver déshérité de son domaine légitime, en considération ou en expiation de fautes qu'il n'a point commises, et pour des égaremens qu'il ne partagera point. La faiblesse du corps des représentans fait donc une loi de veiller à leur choix, et de n'y souffrir ni relâchement ni distraction. Comme le corps est peu nombreux, il faut qu'il soit d'élite; lorsque l'on a si peu à perdre, il ne faut pas s'exposer à ne rien conserver. De plus, l'entrée de la chambre n'a été permise qu'à un âge bien avancé. Ce n'est pas tout que de faire la part au feu, il faut aussi faire celle de la glace; la sagesse, la modération, la circonspection sont de tous les âges; s'il y a des têtes qui ne mûrissent jamais, il y en aussi qui ne sont jamais jeunes. Mais en reculant trop l'époque à laquelle les talens peuvent se déployer, en laissant passer celle à laquelle les sentimens généreux ont le plus d'énergie et de plénitude, on court le risque de perdre de puissans auxiliaires, et la patrie doit attendre plus de service de ceux qui s'élèvent sur l'horizon, que de ceux qui courent vers leur déclin. L'Angleterre s'est sagement abstenue de cette limitation: elle lui aurait coûté l'honneur de sa tribune, Pitt, qu'en France elle eût condamné à l'obscurité. Par la même disposition, les noms illustres de l'Assemblée Constituante seraient restés dans l'oubli, et la

France aurait ignoré qu'elle possédait dans son sein les Mounier, les Clermont-Tonnerre, les Barnave, les Montesquiou, tous ces noms qui s'alliaient si bien avec les idées de lumière, d'ordre et de monarchie. Dans les assemblées, la jeunesse porte avec elle un correctif puissant, celui de la défiance qu'elle inspire à ceux que le temps a guéris de ses défauts présumés (1).

---

(1) La Chambre des Pairs est destinée en partie à tempérer la chaleur qu'une Chambre des Communes peut faire craindre. Cependant le pair a voix délibérative long-temps avant le député : c'est le contraire de ce qui se passe partout. Ordinairement l'enseignant, le remontrant, sont les aînés des enseignés et des remontrés.

Ne serait-il pas conforme à la droite raison que l'époque à laquelle la loi reconnaît dans l'homme le droit d'user de toutes ses facultés, et de disposer de toutes ses actions, fût aussi celle qui vît tomber toutes les barrières qui le séparent des fonctions publiques? Un homme peut remplir les premiers postes de l'Etat, commander les armées, représenter la nation chez les peuples étrangers, occuper les premiers rangs dans

La prérogative royale en France se compose de tout ce qui, en Angleterre, appartient à la couronne, et sur plusieurs points la dépasse de beaucoup. En France, dans la distribution des dotations entre les différentes branches de la législature, la couronne a été richement

---

le sanctuaire, à l'âge qui lui interdit d'être député : tout lui est ouvert, et sa jeunesse nominale lui ferme les portes de la Chambre. Craint-on qu'une assemblée ne soit formée que de jeunes gens, et que les hommes d'un âge plus mûr leur laissent envahir les places à leur détriment ? Crainte frivole et démentie par le fait!

Sur douze cents députés de l'Assemblée Constituante, un seul n'atteignait pas vingt-cinq ans, M. le vicomte Mathieu de Montmorenci; un autre, M. Barnave, n'arrivait pas à trente ans. Parmi les ecclésiastiques, les deux plus jeunes avaient chacun trente et un ans, L. de Barmont et l'abbé de Pradt.

Qu'on fasse attention à l'histoire de la révolution, et l'on verra de quel côté, des jeunes ou des vieux, ont été le plus d'actes répréhensibles. Quant au talent, le procès est décidé.

Parmi les étrangers, même résultat. Pitt et le prince

partagée ; on a accumulé en sa faveur un mobilier d'attributions de la plus haute importance ; les limitations par lesquelles la constitution anglaise a cherché à prévenir les inconvéniens de la trop grande étendue du pouvoir royal, ne sont point connues en France. Dans le premier pays, la loi, hors celle de subsides, prend indistinctement naissance dans chacune des chambres ; ce n'est que dans des cas rares que la couronne recommande un objet spécial à la considération du parlement. En France, c'est tout le contraire ; des cas très-rares peuvent seuls porter les chambres à s'adresser au Roi pour lui représenter la nécessité d'une mesure législative : hors de là c'est lui qui, agissant

---

Charles, tous deux jeunes, ont seuls combattu avec quelque lumière et quelque éclat.

Pourquoi ne pas s'en rapporter aux électeurs de distinguer, à leurs risques et périls,

Ces âmes bien nées,

dans lesquelles

La valeur n'attend pas le nombre des années ?

deux fois sur le même acte, tient par l'initiative et par la sanction les deux bouts de la chaîne qui enserre tout le corps législatif. Semblable à un vaisseau complétement équipé, mais attendant à l'ancre le vent qui doit enfler ses voiles et lui donner le mouvement, le Corps-Législatif attend de l'autorité royale l'impulsion qui met en action les facultés qu'il possède, sans pouvoir en user hors de cette excitation étrangère. En France, ainsi qu'en Angleterre, *plaintes et subsides ne se tiennent point par la main*, suivant l'expression d'un célèbre Anglais, *et ne manquent point de passer dans cette agréable compagnie*. En Angleterre, le plus petit détail de l'administration, dès qu'il y a prescription d'ordre, ou levée quelconque de deniers, est de la compétence du parlement. En France, le régime des ordonnances suit pied à pied le régime constitutionnel; en Angleterre, l'armée est au second rang des forces de l'État; le premier, la flotte, est pour ainsi dire hors de l'État, et reste chargé de le défendre sans pouvoir y entrer. En France, l'armée est au premier rang de la force publique. En Angleterre, l'armée n'a qu'une existence annuelle, sujette à un renouvellement périodique; à l'expiration de ce terme, le parlement doit renouer le nœud de la discipline militaire, tant la présence d'un corps armé permanent sous un même chef a inspiré d'ombrages pour la liberté. En Angleterre, pas un soldat étranger n'oserait aborder sur ce sol vraiment national, sans l'autorisation du parlement. L'œil jaloux des libertés anglaises le suit dans tous ses mouvemens; l'appareil des armes doit disparaître et s'éloigner de tout lieu où s'exercent des pouvoirs relatifs à la législation. Qu'il y a loin delà à ce qui a lieu en France, à ce pouvoir immense dont la main du Monarque français est toujours armée par la disposition plénière d'une grande masse de troupes formées d'une population trop guerrière pour ne pas pencher vers des chefs militaires, commandées par des hommes pour lesquels, par beaucoup de motifs, généralement le trône est une religion et le prince un culte, et dont les rangs peuvent être grossis à volonté par l'appel d'auxiliaires étrangers. Qu'on joigne à tous ces avantages la direction entière de la politique extérieure qui, en France, appartient au prince sans aucun contrôle de la part des chambres, et l'on verra quelle supériorité la prérogative royale de France conserve sur le pouvoir qui lui correspond en Angleterre. La composition de la chambre des pairs dans les deux pays présente aussi de grandes différences à l'avantage de la couronne de France; et ce qui achève de relever cet édifice de grandeur et de puissance, c'est le corps du clergé, qui, en France, a toujours été nourri des maximes du pouvoir de droit divin et d'autorité absolue, qui met au premier rang de ses devoirs la crainte de trop s'appuyer sur la raison, et d'examiner; au lieu qu'en Angleterre, les ministres d'un culte fondé sur le raisonnement, ne sont point retenus par les mêmes appréhensions, et participent aux principes généraux de liberté qui sont répandus dans toute la nation. Si le Roi est le chef de l'Église anglicane, cette

Église ne lui appartient pas pour cela; il ne la dirige pas, il la protège; il conserve ce que lui même n'a pas établi, et dont il ne fait point partie; il n'est pas là pour faire, mais pour empêcher qu'on ne fasse et surtout qu'on ne défasse. Un roi d'Angleterre n'est point un pontife, mais seulement l'exclusion d'un autre pontife. Si le clergé anglican n'a point compté de dictateur, tel que Bossuet, il ne compte pas non plus de docteur qui ne connaisse que l'empire du Ciel sur la terre, et qui écrase toujours l'une du poids de l'autre.

Dans un pareil état de choses, l'ordre des élections d'un pays peut différer de celui de l'autre. D'un côté, il y a des correctifs, des avantages qui peuvent supléer à ce qui manque ou qui se trouve défectueux, et dont l'absence, dans l'autre côté, crée pour les élections de ce dernier des besoins qui ne sont pas ressentis ailleurs.

Il faut ajouter à la comparaison que nous venons de terminer, l'immense différence du mode de renouvellement pratiqué dans les deux pays. En France, une partie seulement de la chambre sort chaque année, et donne, par là, ouverture au renouvellement qui, pour être complet, doit embrasser un espace de cinq ans. On pourrait dire que ce n'est point un renouvellement, mais seulement une infusion semblable à celles par lesquelles on répare la perte que le temps fait éprouver aux liqueurs contenues dans des vases dont le fond reste le même. Le renouvellement du corps représentant est un appel à l'opinion. Ainsi le veut la nature du gouvernement représentatif : l'effet ne peut différer de la cause. Mais un renouvellement partiel n'est qu'un appel à une opinion partielle, tel qu'il l'est lui-même. Une assemblée de deux cent cinquante-sept membres donne un renouvellement de cinquante et un membres ; et, que l'on y fasse attention, ce petit nombre doit supporter le poids des mêmes influences qui, en Angleterre, se divisent sur la masse totale de la nation. Il n'y a donc point de parité entre les deux renouvellemens ; le renouvellement total, étant dans la loi comme dans les mœurs du peuple, est un événement prévu, usuel, et qui, né d'un ordre habituel, ne porte avec lui aucun indice de danger : un pareil renouvellement en France aurait une signification sinistre, et serait l'annonce ou d'une division animée entre les branches du pouvoir législatif, ou celle d'un gros orage formé sur la nation. On a cru, on a voulu travailler pour la stabilité, nous le savons; mais elle ne suivra pas nécessairement de la dérogation au premier principe du gouvernement représentatif, qui n'est que la représentation même de l'opinion publique, que l'on ne peut trouver dans un renouvellement partiel. Mais, comme on a déjà eu lieu de le rappeler, des inconvéniens de détail qui peuvent céder aux longues vues de la prévoyance, aux soins de la vigilance, à l'habileté des mains qui tiennent le timon, ne doivent jamais autoriser à violer, ni même à négliger le principe d'une institution. Il faut d'ailleurs écarter toutes ces craintes d'agitation, d'après lesquelles on se figure que, si d'un côté, on ne lie pas, de l'autre on est toujours pret à échapper ; qu'au contraire, on se persuade bien que des agitations de quelque intensité ne sont pas l'affaire d'un jour; que leur cause vient toujours de loin, et que, pour n'avoir point à s'en défendre, il suffit de se conduire de manière à ne pas les faire naître. Ce n'est point, d'ailleurs, lorsqu'il faut choisir entre des appuis, qu'il faut donner la préférence aux petits, et l'observation des principes en présente seule de solides et de durables.

Le renouvellement partiel a de plus le grave inconvénient d'enlever au caractère des représentans l'égalité et la conformité qui doivent subsister entre eux. Car, est-il bien certain que le député qui a devant lui une longue carrière à remplir, soit, aux yeux du gouvernement, à ceux du public, de ses collègues, aux siens propres, sur la même ligne que le député qui penche vers le déclin de sa mission, dont le retour à la vie législative est un problème, et qui doit se retremper dans l'urne électorale? Est-il bien certain que, dans une carrière inégale, ils forment des projets semblables, et tendent vers un but uniforme? Et puisque nous avons touché cette corde, que la gravité du sujet en bannisse toute réticence; la vérité ne nous fera rien perdre de notre respect pour les mesures consacrées par l'adoption des trois branches de la législature. L'inconvénient qui vient d'être remarqué, se fera ressentir dès le renouvellement qui se prépare; car, par cette méthode de renouveler par parties, la chambre se trouvera composée d'élémens d'une nature différente : cette disparité résulte de la nature même des élections faites en vertu seule des ordonnances, et d'après les adjonctions dont le pouvoir avait été remis aux préfets. Les nouveaux membres au contraire sont le produit de l'ordre constitutionnel, sans aucun mélange extra-légal. Par cet ordre, des exceptions écartent de la chambre les hommes que le régime précédent y admettait. Ainsi, un préfet, un commandant militaire, font partie de la chambre actuelle, et n'auraient pu y entrer d'après la loi qui le recompose; pour y parvenir, un homme aurait dû commencer par abdiquer les fonctions qui n'ont pas fermé les portes à celui auprès duquel il siége. On doit sûrement à cette non-exclusion la présence de plusieurs membres dont on regretterait l'absence ; cette observation est loin d'aucune personnalité ; il s'agit seulement d'ordre constitutionnel, de régularité dans son exercice, et de montrer que des vues partielles peuvent altérer la régularité de l'ensemble. Un renouvellement général, suivi d'un renouvellement quinquennal, d'après l'ordre constitutionnel, offrait, ce semble, une régularité qui, dans les affaires, agit sur l'esprit, comme la régularité dans les édifices agit sur les yeux.

La France commence un ordre de choses nouveau pour elle. Cet ordre ne fait que s'établir : s'il est soutenu par la volonté du Monarque, par le vœu général, il a pour ennemis sa nouveauté et toutes les affections qui doivent résulter de préjugés anciens, de blessures récentes, de pertes sensibles, d'espérances de les réparer, et de plus, de cette impatience du joug commun, qui doit bien peser à des têtes accoutumées à le secouer comme un fardeau étranger, à des hommes habitués à considérer les lois comme une espèce de frein réservé pour la multitude, ainsi que les lois criminelles le sont pour des coupables obscurs. Une nation vive, animée dans toutes ses actions, aimant un essor libre et piquant dans le jeu, ou plutôt dans les saillies de son esprit tenue pendant le cours des âges, loin de la discussion de ses affaires; long-temps éblouie par les brillantes expéditions du pouvoir exécutif; habituée à célébrer leur éclat, même lorsqu'il lui coûtait le plus cher; une nation dirigée depuis des siècles par des corps supérieurs, auxquels était voué un culte de révérence et de déférence, passe enfin sous un régime dégagé de tout ce qu'elle avait eu l'usage de voir pratiquer au milieu d'elle. Elle prend part en corps et regulièrement à des fonctions dont elle avait été exclue; elle le fait avec solennité, aveo publicité, tandis que la législation avait toujours eu parmi elle quelque chose d'obscur et de ténébreux, comme les ateliers dans lesquels elle se confectionnait. Elle était, comme la finance, une espèce de science occulte, dont le sanctuaire ne s'ouvrait qu'aux seuls adeptes ; et, chose remarquable, celle de toutes les fonctions publiques qui, par son importance, intéresse le plus la société, qui devrait par là même briller au premier rang, était reléguée au quatrième dans l'ordre social de la France. Dans le fait, en France, la législation occupait peu les esprits : ils étaient tournés vers les attributs éclatans du pouvoir exécutif. La cour, la guerre, les hauts rangs de l'Eglise obtenaient les hommages et l'attention générale. Tenus ainsi en dehors de leur gouvernement, les Français recevaient tous ses actes sans avoir assisté à leur confection, et montraient généralement plus de dispositions à les célébrer qu'à les analyser, ou bien à les contredire. L'occupation aux affaires publiques passait presque pour un ridicule ; chacun s'occupait si peu des siennes propres ! On sent à combien d'oppositions doit être sujet un ordre qui retire une nation toute entière de ses anciennes voies. Comme il doit soulever la bile des uns, faire éclater les cris des autres, contre un changement destiné, à son tour, à changer le caractère même de la nation! Car, il ne faut point se méprendre sur les effets qu'a inévitablement parmi les hommes cette action continue que l'on appelle le gouvernement: c'est elle qui, concurremment avec la religion, décide à la longue du caractère des peuples, et qui leur imprime une physionomie particulière. C'est un mobile qui agit à chaque instant et sur tout; après l'air, c'est ce qui influe le plus sur nous, ce qui épure ou qui vicie le plus nos humeurs. Ces mères sauvages qui pétrissent, pour ainsi dire, entre leurs mains la tête de leurs nouveaux nés, ne leur impriment pas plus sûrement une forme, que le gouvernement ne donne la sienne aux mœurs des gouvernés. En passant d'un ordre arbitraire à un ordre régulier, tel qu'est le gouvernement représentatif, en passant de l'interdiction des affaires à leur participation habituelle, les Français ont été appelés dans une carrière nouvelle ; d'autres occupations, d'autres intérêts se sont offerts et développés devant eux ; de nouvelles habitudes ont dû leur créer une nouvelle direction. Si l'éloignement des affaires les avait rendus légers, la participation à ces mêmes fonctions a dû les porter à la réflexion qui est la suite nécessaire d'occupations sérieuses. L'application aux affaires de leur pays a dû tourner leur attention au dehors vers l'étude d'autres pays, et par conséquent les introduire dans de nouvelles régions, dont la comparaison affaiblit nécessairement l'attachement aux idées locales. Mais, combien sont blessés par ces changemens qui embrassent tout, hommes et choses ! Voilà le vrai sujet de leurs douleurs. Ajoutez-y les pertes qu'ils déplorent et qu'ils attribuent à ce nouvel ordre, et vous verrez que d'ennemis il a parmi ceux qui ne se retrouvent plus dans un monde qu'ils ont laissé échapper, et qui s'est renouvelé sans eux et malgré eux. On l'a vu quand le pouvoir leur revint, ainsi que ce qu'ils préparaient, sans le 5 septembre 1816, pour retourner, au risque de le rompre, l'arbre plié par les vents, et dans une direction contraires.

L'Angleterre n'a point et n'a jamais eu le principe de ces contradictions intérieures : formée, pour ainsi dire, d'un seul jet, ne connaissant point nos anciennes divisions de territoire, ni de souverainetés ; roulant sur une loi commune, sur un ordre établi depuis long-temps, l'Angleterre n'a qu'à jouir de ce que nous avons à affermir. Elle suit un cours de choses donné par le temps ; nous le remontons à force de rames, au milieu des écueils, des vents contraires, et des aspérités de rivages nouvellement explorés. Voilà l'avantage immense des établissement formés depuis long-temps et d'après des règles sûres. Mais quand il faut revenir de longues aberrations, protégées par la force des intérêts et des habitudes, alors les contradictions éclatent de mille manières, et tout est appelé à leur appui : c'est ce qui se fait et qui se fera sentir encore long-temps en France. Le régime représentatif, qui est très-certainement dans la volonté de la nation, n'est pas de même dans les goûts de cette partie de ses membres, qui avait l'habitude d'élever la tête au-dessus d'elle, et qui jouissait du droit de lui commander. On a vu quel était son vœu. à une époque encore récente : les douceurs attachées à l'exercice du pouvoir l'avaient rapprochée du mode de gouvernement auquel elle devait d'avoir trempé ses lèvres dans cette coupe enchantée ; elle s'en est éloignée ; elle est rentrée dans son aversion héréditaire depuis qu'elle lui a été retirée. L'Angleterre n'a rien de pareil à éprouver : chez elle, la nation est uniforme dans ses affections pour le gouvernement qui est en possession de la régir, qui se confond avec toutes ses habitudes, et qui lie, par une chaîne ininterrompue, l'âge présent aux âges passés.

L'Angleterre n'est pas non plus embarrassée du soin d'une riche et nombreuse cour, formée de tout ce qu'il y a de plus grand dans le pays, objet de son ambition, son séjour habituel, nourrie dans les maximes qui font la loi des cours, voyant l'état dans le prince, pensant que plaire est servir, attendant encore plus de la libéralité du monarque que de sa justice, et cherchant à étendre aux affaires l'empire qu'elle a sur les mœurs. La cour fut toujours en France une puissance parallèle à l'autorité même du prince, supérieure à celle des lois, et tenant peu compte de celle de la nation. En France, les grandes oppositions, les violens orages sont, de temps immémorial, venus de la cour : on n'en connaît pas un seul élevé du fond même de la nation. A la force ouverte des guerres féodales, intentées aux rois par les vassaux puissans, ont succédé les brigues de la cour, qui, dans toutes les époques, formèrent ces agitations dont la France eut tant à souffrir, depuis les oncles de Charles VI, les Armagnacs et les Bourguignons, Louis XI et les princes auteurs de la guerre du soi-disant bien public, Louise de Savoie et le connétable de Bourbon, les Condé et les Guise, Marie de Médicis, Gaston, Richelieu et les grands de son temps, jusqu'à la Fronde et ses chefs disproportionnés avec cette futile querelle. Lorsque Louis XIV eut donné à la royauté un éclat qui éclipsa tout, la cour devint un temple où chacun voulut emprunter à la divinité un rayon qui pût le faire remarquer ; il consentit à rester éclipsé là, pour y puiser le moyen de briller parfois ailleurs. Une foule d'hommes, dont l'état est de se grouper autour du trône, dont ils reçoivent l'éclat et attendent la fortune, qui croient sentir en eux des sentimens et des germes de supériorité attachés à l'ordre convenu des sociétés, doivent, au début d'un régime entièrement constitutionnel, se croire transportés dans un monde nouveau, et ne pas s'y complaire autant que dans leur terre natale. On doit donc attendre qu'une cour opulente et nombreuse n'est point, par sa nature, l'alliée d'un ordre qui, à ses yeux, porte en lui des germes propres à rabaisser un peu l'autel sur lequel elle a l'habitude de sacrifier. Le temps apprendra jusqu'à quel point une très-grande cour est compatible avec le gouvernement représentatif; jusqu'à présent l'expérience est contre par l'exemple de l'Angleterre, on pourrait même dire par celui de tous les pays, dans lesquels l'ordre est d'autant plus régulier que la cour a moins de volume, et par conséquent moins d'importance, et dans lesquels le gouvernement suit son cours sans cette incommode traverse, et où le prince n'a point à s'inquiéter sur ce que l'on murmure à ses côtés.

Si donc, parmi nous, l'œil découvre déjà les sommités verdoyantes d'un heureux horizon, où doivent régner un jour la liberté et la philosophie, inséparables compagnes, cette riante perspective n'empêche point d'entendre le souffle des vents qui battent la jeune et frêle plante, et qui avertissent par là du besoin de la soutenir, en entourant son berceau de sentinelles capables, par leur vigilance et leur vigueur, d'étouffer les serpens qui pourraient s'y glisser, ou bien y être lancés. Il faut le fils de Jupiter, Hercule, pour se délivrer lui seul des monstres qui menacent son enfance. Le sort de nos anciens Etats-Généraux est là pour servir de fanal. Ce n'est point sous la force ouverte qu'ils ont succombé; ils n'ont été ni envahis, ni dissous; seulement ils furent amincis, et puis effacés : l'un suivit de l'autre. Gardons que, parmi nous, on ne tente de faire de la lassitude, du rappel des anciennes mœurs, des sentimens soi-disant chevaleresques, de la raillerie même un moyen d'arriver au même résultat ; quand il y a tant à perdre, il est permis de s'alarmer de tout, et il n'y a point de petitesse dans la crainte, là où il y a tant de grandeur dans le danger.

Rien ne serait plus propre à amener ce funeste résultat qu'une trop grande influence du gouvernement sur les élections, surtout si elle dégénérait en habitude ; elle irait à la fois contre son intérêt et contre le nôtre. Remontons au principe. Quel est le gouvernement représentatif ? Celui de l'opinion. Le peuple a intérêt de faire connaître la sienne : c'est par elle qu'il peut espérer de faire redresser les torts qu'il endure ; c'est par elle encore qu'il fortifie la marche du gouvernement, en exprimant son approbation et sa reconnaissance. Un gouvernement qui se sent soutenu par la ferme adhésion du peuple en est bien plus fort ; mais comment le peuple exprimera-t-il, rendra-t-il son opinion propre, si on lui en fournit les organes, si ce n'est pas lui seul qui les choisit hors de toute excitation étrangère? Vous me demandez ma pensée, et vous chargez un autre de l'exprimer; vous n'aurez que la sienne. De son côté, le Gouvernement a l'intérêt le mieux fondé à bien connoître l'opinion du peuple; car s'il ne la connaît pas au plus près de la vérité, comment saura-t-il ce qu'il veut, et vers quel but le dirigera-t-il? Or, comment reconnaîtrait-il cette opinion, lorsque ce n'est pas le peuple lui-même qui s'exprime par la bouche des représentans qu'il s'est donné véritablement, mais seulement par les organes qu'on a substitués aux siens, et qui ne peuvent rendre que leur propre pensée? Aussi qu'arrive-t-il alors? C'est que l'on parle deux langues qui n'ont rien de commun ensemble: celle des commettans et celle des mandataires. Les uns parlent pour les autres, mais non point comme les autres: alors la confiance se retire; on se désaffectionne d'institutions dont les apparences sont séduisantes, mais dont le résultat est trompeur, qui promettent le bien public, et qui ne donnent que le bien particulier, au détriment du premier. Ce n'est pas tout : la punition se trouve ici à côté du délit. De graves circonstances viennent-elles à réclamer une grande intervention de l'esprit national, pour se mettre à l'abri de ces dangers qui menacent trop souvent l'existence des peuples; faut-il les porter à s'élever au-dessus de la crainte, à multiplier les sacrifices, à développer toute l'énergie du patriotisme, la sève de la plante a été appauvrie, détournée, la confiance altérée, le ressort faussé; les appels, formés par des voix reconnues étrangères, ne frappent plus qu'un peuple indifférent, froid, sourd à des organes qu'il ne connaît point, et le Gouvernement reste avec les ressources de ceux-là seuls qu'il a substitués lui-même au peuple. Voilà comme les institutions oblitérées amènent les catastrophes, comment, en vue de petits avantages et de petits dangers, on se place sous le coup des plus graves inconvéniens, on se prive de puissans auxiliaires.

Il y a des gens qui pensent que parvenir au *décret*, au prononcé matériel de la loi, est tout, que le reste importe peu; mais la vie même de la loi, qui provient de la sanction donnée par l'opinion, qui la confère? A quoi sert une espèce de *caput mortuum de loi* privé de l'assentiment public? Et celui-ci, à quoi le reconnaître, si ce n'est à la liberté que le peuple a eu de déclarer sa pensée par des organes de son choix?

Si, dans les dernières élections, on a remarqué un grand empressement de la part du Gouvernement pour les diriger, il est juste de tenir compte des circonstances : le régime des ordonnances électorales était encore dans sa pleine vigueur, et les électeurs de 1815, encore subsistans, pouvaient inspirer des craintes pour les élections de 1816. Le 5 septembre était à peine sonné; s'il était l'espoir des uns, il faisait le désespoir des autres : le renouvellement de la Chambre était général, et l'issue de la lutte n'a pas prouvé qu'une certaine intervention fût tout-à-fait dénuée de prudence. Mais, dans les élections actuelles, c'est tout le contraire : le régime constitutionnel est établi; il est seul en vigueur : tout marche, tout s'achemine sur la route qu'il a tracée. On désire constater l'effet d'une loi qui, à côté de sa nouveauté, porte avec elle l'empreinte d'une hardiesse salutaire. Eh bien! laissez agir librement : c'est l'unique moyen de connaître la pensée publique, ainsi que la force des ressorts de la machine que vous mettez en jeu. Mais, si vous êtes caché dedans, ce n'est plus elle qui marche : c'est vous. Il faut encore observer combien l'action de la nation sur son propre Gouvernement a peu de force et de durée. En effet, elle ne s'exerce que par les élections; celles-ci n'embrassent qu'un cinquième de la représentation, et ce cinquième, à son tour, ne dépasse guère le nombre de cinquante membres. Que reste-t-il donc pour la nation, si l'on entre encore en partage avec elle d'une prérogative aussi restreinte et aussifugitive Elle n'a qu'un jour à durer, car les élus de la nation, dans un moment, vont devenir ses maîtres, et, en sortant de solliciter des suffrages, ils donneront des ordres. La nature du Gouvernement représentatif, les droits des gouvernés, l'intérêt du Gouvernement, tout se réunit donc pour la plus entière liberté, pour le plus complet affranchissement de toute influence de la part du Gouvernement dans les élections qui vont s'ouvrir; il agit déjà sur elles par des dispositions réglémentaires très-importantes, et surtout par la désignation des présidens des Assemblées électorales (1). En voilà bien as-

---

(1) Dans nos habitudes, la désignation d'un président est bien souvent la désignation d'un candidat : beaucoup d'hommes croiraient manquer aux convenances, en s'abstenant de nommer le président désigné par le Gouvernement; et il ne manque point d'hommes occupés à faire ressortir les inconvéniens de ne pas déférer à cette sollicitation tacite, mais cependant fort claire, des suffrages. Aussi est-il assez rare de voir ces espèces de lettres-de-change, tirées sur la courtoisie des électeurs, protestées, et un président de fait est-il presque toujours un élu de droit. En Angleterre, le shérif est borné au soin de l'exécution des formalités relatives à la tenue des assemblées et à leur

sez, ce semble, pour que tout le reste appartienne aux membres de l'Assemblée, et soit, à leurs risques et périls, abandonné à leur libre arbitre.

Ce fut à cette pleine liberté dans les choix que la France dut de voir accourir dans l'Assemblée Constituante cette foule de talens, dont rien encore ne lui avait révélé l'existence, qu'elle possédait sans le savoir, et que l'esprit public, libre de se développer, désigna sans balancer parmi tous les enfans de la France, montrant ainsi dans cette glorieuse

---

police : du reste, on n'a jamais vu que leurs fonctions en eussent fait nommer un seul.

Il faut encore observer qu'en France le renouvellement étant annuel, et borné à cinquante membres, le Gouvernement a l'espace entier de l'année pour disposer la totalité de ses moyens d'influence sur des élections aussi peu nombreuses, et dont l'objet est déterminé : au lieu qu'en Angleterre, le renouvellement étant total, septennal, et s'étendant à sept cents élections, l'influence du Gouvernement se trouve divisée sur un sujet beaucoup plus étendu et beaucoup moins certain.

réunion une élite d'hommes, que les étrangers n'ont point surpassé, et que la France elle-même, vaincue par elle seule, n'a pas encore réussi à égaler. Tel est l'effet inévitable de la liberté de l'esprit public; il dirige toujours sûrement, et lorsque la voix du peuple est laissée à elle-même, elle ne peut manquer de devenir *la voix de Dieu*.

La droite raison a dicté ces observations; elle va tirer les conséquences.

Elle dictera donc aux électeurs de s'arrêter au choix des plus dignes dans quelques parties de leurs départemens respectifs qu'ils puissent se trouver; d'abjurer une méthode bien vicieuse, et qui malheureusement tient à de profondes racines : celle de considérer, dans la répartition des suffrages, des dotations à partager entre tel arrondissement, telle ville. Eh! non, ce n'est ni de telle ville ni de tel arrondissement dont il s'agit, mais de la France; ce n'est pas davantage du tour de chacun; la France n'alterne avec qui que ce soit : qu'elle soit suffisamment représentée, et votre ville, et votre arrondissement le seront par là même. Le représentant n'appartient point à la localité, mais à la France entière, qui le reçoit en cette qualité : il ne fait pas non plus de lois pour la localité seule, mais pour toute la France. Que cet esprit de localité soit donc banni ; il nous a fait d'épouvantables maux. En quelques lieux que se trouve le mérite propre à former le bon député, à la ville, au village, réuni ou séparé par l'habitation, il faut l'y chercher : un représentant n'est d'aucun endroit particulier, il est de France. Le département est-il pauvre en talens correspondans au fardeau dont est chargé un député? usez de la latitude laissée par la loi, franchissez vos frontières, et demandez au reste de la France ce qui manque chez vous. Que le même esprit de généralité s'étende aussi à la manière d'envisager les différentes professions. Il s'est introduit, à cet égard, une pratique bien contraire à cet esprit général qui doit présider à toute action faite au nom de la société. Chaque profession réclame des représentans choisis dans son sein ; que toutes aspirent à servir la société, heureuses de s'y employer, de s'y sacrifier même, d'ajouter à sa gloire, de défendre ses intérêts, d'affermir et d'étendre son bonheur : voilà leur droit et leur devoir. Mais pour celui de représenter ou d'être représentées, d'où pourraient-elles l'avoir tiré? Pendant long-temps quelques professions ont semblé avoir envahi toutes les places; il n'en restait presque plus pour la France : était-ce donc à elles que se rapportaient les élections, et la France était-elle un domaine sur lequel elles eussent quelque droit à exercer? Les élections n'appartiennent pas davantage à quelque classe; aucune n'en doit être exclue, aucune ne doit y dominer. Que devait-on penser, en 1815, lorsque sur les quatre cents membres de la Chambre on vit paraître plus de deux cents nobles lorsque des députations entières ne présentaient pas un seul membre choisi hors de cette aggrégation? L'avidité de 1815 n'a-t-elle point, par un retour facile à prévoir, amené les exclusions de 1816? Si on n'admet point à raison de profession, on n'exclura pas davantage au même titre. Ce *mot* exclure *devrait être banni de la langue et de la mémoire des Français.* Des rumeurs indiscrètes, sans doute, présentent des classes et des professions comme dévouées à une exclusion positive : que signifie cela ? Va-t-on donc établir l'ilotisme en France ? Est-ce que les membres de ces classes ou de ces professions sont effacés des registres où se lisent les noms des citoyens ? Lorsque l'esprit patriotique, l'esprit national, soutenus par la présence du talent, se font remarquer parmi elles, qu'ont-elles de contraire au bien de l'association ? Quand le noble est sans prétentions, qu'il se distingue dans la société et qu'il ne s'en sépare point ; quand le prêtre est sans scandales et sans petitesses ; quand tous les deux aiment la patrie, lui ont voué leurs services, et donné leur cœur, lui consacrent l'éclat ou l'autorité de leur état et de leur ministère, à quel titre seraient-ils exclus des avantages que la patrie offre en commun à tous ceux qui partagent ses charges ? L'admission accordée à ces qualités protectrices contre la défaveur, ne renferme-t-elle pas un encouragement pour les uns, et un appel pour les autres ?

La France est si grande, et la représentation si faible en nombre, que le moindre retranchement de ses membres doit s'y faire sentir vivement. Cet intérêt convie à ne présenter, autant qu'il est possible, à la Chambre, que des hommes en état de suffire aux travaux qu'elle exigera : ils sont nombreux et longs, la durée, la vigueur du service présumable du représentant doivent donc être prises en considération. Quand il y a peu de places, il faut garder qu'il ne s'y trouve du vide. Le navigateur qui se prépare à un voyage de long cours, n'admet à bord du vaisseau que des nautonniers robustes, capables de le ramener au port après avoir parcouru les mers et bravé les orages, il rejette ceux dont les bras débiles, après quelques efforts, laisseraient tomber la rame.

Lorsque la supériorité du mérite s'est fait remarquer dans un député, lorsque des services éclatans répondent de lui, qu'il soit de nouveau l'objet du suffrage de ses concitoyens, la patrie sourit à cet acte de justice, qui d'ailleurs est d'un bon augure pour elle-même. Il y a des noms qu'une indication, pour ainsi dire nationale, porte régulièrement à l'état de représentant : tels étaient, en Angleterre, les Pitt, les Fox, les Burke, les Windham ; tels auraient été chez nous les Mounier, les Clermont-Tonnerre, et ces deux athlètes qui tinrent si souvent la victoire indécise dans la même arène, les Mirabeau et les Maury. Une espèce de pudeur amène sous la main de l'électeur les noms de pareils combattans ; mais à quoi répondent les appels répétés d'hommes qui ont beau remplir une place, sans pouvoir empêcher qu'elle ne reste vide. Il est bien rare, pour ne pas dire impossible, qu'un homme fasse dans un temps ce qu'il n'a pas su faire dans l'autre, et qu'il ne soit pas à une époque ce qu'il fut dans plusieurs autres. Rien n'est plus propre à décolorer une assemblée, que la multiplicité de ces promotions parmi lesquelles se forme cette partie à laquelle sa molle inertie a fait donner un nom peu glorieux, et qui pourtant jouit d'un pouvoir très-redoutable : celui de faire pencher la balance du côté vers lequel elle inclinerait. Il faut écarter avec le même soin ces médiocrités ambitieuses qui fréquentent les voies détournées, toujours prêtes, comme l'a dit un homme d'esprit (1), à se montrer les premières partout où il y a de la foule, à prendre le premier rang partout où il y a de l'espérance, candidats pour toutes les places, et membres de tous les partis pour se trouver dans toutes les chances. Les vues intéressées des uns, l'*insignifiance* des autres sont également funestes à la patrie, et la France n'est pas dénuée de talens au point de ne pouvoir pas les remplacer. La mine sera trouvée riche, si elle est suffisamment exploitée; et ce n'est que sous un grand nombre de couches que la terre laisse apercevoir l'or que recèle son sein. Evitons de plus de tomber dans un autre inconvénient, qui a fait de

---

(1) M. le comte de Montlosier (*Monarchie Française*, t. II).

grandes plaies à la patrie : j'entends par là les nominations attachées à cette foule de petits services que des hommes rendent ou promettent, dans le chef-lieu du gouvernement auprès des hommes en places, et qui enchaînent, par l'espoir, une multitude de votans qui attendent le même appui de la même complaisance. On a vu aussi trop long-temps des représentans croître à l'ombre d'un proche ou d'un patron qui s'élevait. Le régime constitutionnel, en faisant tout rentrer dans l'ordre, doit faire disparaître ces difformités, créer un esprit mâle, écarter ces considérations personnelles, et ramener tout vers l'intérêt général. Electeurs, vous voulez que vos députés ne dépendent point d'autrui, commencez par ne pas dépendre d'eux, ni de vos propres intérêts; ne faites attention qu'à ce qui peut le mieux servir la patrie, suivant ses besoins et suivant le temps. Que lui fait d'être ministériel, ou anti-ministériel? c'est d'être national qui est tout pour elle; c'est dans la liaison ou dans l'éloignement des actions du ministère avec les intérêts de la nation, que le député doit puiser les motifs de sa liaison avec lui, ou ceux de son éloignement. Le ministère consulte-t-il, soigne-t-il les intérêts nationaux? tenez-vous avec lui, puisqu'il ne fait qu'un avec la patrie. Veut-il faire prévaloir ce qui lui est contraire? fuyez, la patrie n'est plus là. Un système général d'adhésion, par lequel on se montre disposé à soutenir tout ce qui émane du ministère, pas plus qu'une opposition qui rejette et inculpe tout ce qui vient de son côté, systèmes dans lesquels on aperçoit chez les uns aliénation de la volonté, et chez les autres corruption de la volonté, sont également contraires au bien général et à la nature du gouvernement représentatif. Le ministère n'est pas davantage un ennemi public, qu'un ami toujours ardent et éclairé des intérêts publics, comme on veut le faire croire de part et d'autre. Le ministère est un élément du gouvernement représentatif; il est le moyen nécessaire par lequel le pouvoir royal se déploie; il tient au corps politique, comme le bras tient au corps humain : mais comme ce bras est un bras de chair, et par conséquent sujet à la faiblesse, à la lassitude, à toutes les infirmités humaines, il faut le surveiller; comme au bout de ce bras se trouve une main qui donne l'impulsion à la roue de la Fortune, de cette divinité si anciennement en possession de fasciner les yeux des faibles mortels, il faut surveiller tous les mouvemens de ce bras, mais non pas en arrêter l'action; comme ce bras est l'agent d'un pouvoir qui, par sa nature, tend à s'étendre, il faut encore surveiller, pour empêcher qu'il ne s'alonge au delà des proportions qui lui sont assignées par le gouvernement représentatif. Placés au sommet de l'édifice social, les ministres doivent embrasser un horizon plus étendu; mais les passions peuvent en altérer la netteté : placés encore auprès d'un théâtre élevé, ils peuvent s'associer aux illusions qui l'environnent, comme les nuages enveloppent le sommet des montagnes. Agens d'un pouvoir que la gêne ou la contradiction fatiguent ou irritent, ils peuvent être amenés à céder ou bien à participer à ces dispositions; il faut donc surveiller, non point précisément parce qu'ils sont ministres, mais parce qu'on ne fait des ministres qu'avec des hommes, et que c'est sur les passions de l'homme, c'est-à-dire sur une cause inaltérable, qu'est fondé le jeu des diverses parties d'un Etat, ainsi que le sont les actions des hommes qui les dirigent. Dans le gouvernement représentatif, trois parties sont en présence, non point pour se combattre et se diviser; mais, au contraire, pour réunir, pour arriver au même but par différens chemins : chacun a sa frontière à garder, et la sûreté commune provient du soin que l'on apporte à la défendre. L'opposition et la surveillance sont donc deux choses tout-à-fait distinctes dans le gouvernement représentatif : il faut toujours surveiller; mais s'opposer toujours n'est ni dans la nature de ce gouvernement, ni même dans celle de l'homme. Car il n'est pas plus possible que tout soit toujours à blâmer, que tout à toujours louer. Accuser chaque acte de la volonté, chaque jugement de l'esprit, paraît plus propre à déceler des intentions dirigées contre les personnes, que vers l'utilité générale. On lit à travers le masque de ceux qui, au nom du bien public, harcèlent des ministres, quelque chose qu'ils disent ou qu'ils fassent, et qui se montrent par là visant de plus près à leur succession qu'à leur réfutation. Cet état d'agressions continuelles fait perdre à l'opposition de l'Angleterre une partie de sa considération : par là, elle a trop l'air de jouer seulement un rôle ; on sent qu'il ne peut manquer d'être retranché quelquefois à la raison, pour avoir de quoi alimenter la contradiction. Peut-être aussi que, dans un pays où tout est établi, la parfaite régularité de l'ordre dans le mode du gouvernement ne laisse-t-elle de prise que du côté de ses agens et de leurs places. Notre jeunesse politique et législative ne nous a pas permis de former encore un bon système d'opposition ; l'expérience nous montrera la vanité de certaines doctrines trop révérées, et l'on reconnaîtra que la vraie force du gouvernement n'est pas dans la majorité quelconque qu'il sait se procurer, mais dans la vérité qu'exprime cette majorité, et qui la soutient à son tour. Une opposition calme, noble, procédant avec dignité, accueillant tout ce qui porte le caractère de l'intérêt public, repoussant avec une inébranlable fermeté tout ce qui s'en écarte, ne contient-elle pas en elle-même une force plus réelle que n'en possède une opposition que l'on peut croire intéressée, haineuse, et que l'on voit procéder sans choix dans ses attaques et dans ses reproches? L'opposition de la première espèce ne serait-elle pas infiniment plus propre à répandre dans la nation la dignité et la gravité des mœurs, qui s'adaptent si bien au gouvernement représentatif? Puisse l'honneur de cet exemple appartenir à la France! Dans cet état d'impartialité parfaite, la loi sort pure du sein du législateur, et l'on n'est pas réduit, comme on l'a été chez nous, à accepter des lois que l'on aurait rejetées sans les dangers que leur répudiation faisait courir à leurs auteurs, et au système que l'on voulait enterrer avec eux sous leurs ruines. Ce n'est pas le moindre mal que nous aient fait des hommes auxquels il a fallu arracher un pouvoir dont ils ne savaient user que pour l'infortune de la patrie.

L'éloignement que les représentans peuvent montrer de toute espèce de vues d'intérêt personnel, d'ambition pour eux ou pour autrui, constitue la preuve véritable de leur indépendance, et cette indépendance est le trésor indispensable et irréparable du député : hors d'elle, il n'y a point de sécurité pour la patrie, point de garantie de la conduite des représentans. Dès qu'un homme désire, il dépend; il y a combat en lui, il peut être vaincu. Que l'on ne présente donc à la France que des hommes qui, contens de leur sort, savent s'y tenir, se passer de fortune et non pas de liberté; qui soient fermement décidés à rester étrangers à toute sollicitation, aveugles pour les brillans fantômes que l'on peut faire passer devant leurs yeux, sourds pour le chant des sirènes qui s'apprêtent à faire parvenir à leurs oreilles leur décevante mélodie. La loi n'étend qu'à deux fonctions l'exclusion de la Chambre:

c'est aux mœurs à suppléer à ce que la première n'a pas cru devoir prescrire. Il serait beau de voir les électeurs de la France chercher, d'un commun accord, les élus hors de toutes les fonctions publiques; il serait encore plus beau de voir ceux qui en sont revêtus se respecter assez pour décerner sur eux-mêmes un décret d'incompatibilité, et n'approcher d'une des deux fonctions qu'en s'éloignant de l'autre. La confiance dans les représentans est le premier besoin des représentés. Mais comment cette confiance pourrait-elle s'établir, quand le nombre, déjà si grand, des fonctionnaires membres de la Chambre s'accroît tous les jours; quand le député passe à des fonctions publiques d'un ordre éminent, et les cumule avec celles dont il est revêtu; quand ses proches s'élèvent dans la carrière de l'administration? En vain apporte-t-on, à l'appui de cet abus, disons mieux, de cette difformité, car c'en est une véritable, l'autorité de la pratique de l'Angleterre; mais c'est là une de ses plaies. En vain oppose-t-on celle de tous les temps et de tous les pays; mais on répond en montrant ce qu'elle y a produit. Loin donc, loin ces funestes maximes, léguées d'âge en âge, à la paresse de l'esprit, par la corruption du cœur! On excuse ce que l'on n'a pas la force d'examiner; c'est la logique de l'intérêt, qui fait dire : *Corrumpere et corrumpi seculum*. Remontons aux plus sévères maximes de la probité, qui n'est jamais plus exigeante que lorsqu'elle s'applique aux intérêts de la société toute entière : on ne conçoit pas à quel titre ils pourraient être sujets à la moindre composition. Mais comment le fonctionnaire-député ne composerait-il point dans une multitude d'occasions, lorsqu'il se trouve en présence des arbitres de son sort, de ceux-là qui disposent des places auxquelles sont attachées son opulence, sa subsistance même, celle de sa famille, sa considération propre, l'amour et l'usage de ces délices qu'un rang fait trouver dans le monde, et dont la perte de ce rang sépare avec tant d'amertume? Je sais bien que des atteintes grossières à la liberté publique ne lui laisseraient pas la liberté de cesser de paraître libre; alors l'épreuve est trop forte, et le public est trop près, comme trop à portée de voir. Mais dans tout ce qui échappe à la vue, et qui prête à des interprétations, même à la discussion, où sont les garanties de l'indépendance ? Il existe parmi les Français une certaine pudeur qui amortit beaucoup les dangers du trésor; mais il existe aussi, par compensation, un appétit pour les places, une considération attachée aux places, qui fait trembler à l'aspect du volume qu'acquiert tous les jours le nomenclateur des places, l'*Almanach royal*, qui représente parmi nous une immense pièce d'artillerie braquée contre nos libertés, dont malheureusement le feu attire encore plus qu'il n'effraie, et qui est toujours prête à vomir une *mitraille de faveurs*, devant laquelle la foule est bien plus disposée à ouvrir la poitrine qu'à tourner le dos. Eh quoi! ceux qui nous administrent, qui nous jugent, de plus nous représentent! Le ministre le plus redoutable de la loi, le vengeur de la loi, peut encore être l'auteur de cette même loi, sans que la tendresse paternelle fasse craindre pour la balance de sa justice! La Grèce plaça-t-elle parmi les amphictions, Radamante, ou celui qui *juge aux enfers tous les pâles humains?* Le sous-ministre peut être juge de l'application de la responsabilité, le comptable émettre son vote sur ses propres comptes. Il y a là évidemment une lacune qu'il appartient aux mœurs de remplir.

En Angleterre, toute promotion aux offices de la couronne éteint les pouvoirs du député : beaucoup d'emplois éloignent du parlement. Le bon sens de la nation a éclaté dans l'adoption de cette disposition; car, par la promotion du député à un emploi dépendant de la couronne, il s'est opéré un changement en lui : il s'est partagé; il était tout entier à la nation à l'époque de sa nomination, il n'y est plus qu'à moitié par sa promotion : la nouvelle élection décidera si la nation veut, à ses risques et périls, se contenter de ce qui lui reste de liberté (1).

---

(1) *Extrait de l'ouvrage de Delolme sur la Constitution d'Angleterre*, t. I, p. 91.

Les législateurs n'ont pas oublié que l'intérêt peut,

Par quelle fatalité se fait-il qu'un pays, doté par le Ciel de tant de principes de supériorité naturelle, reste presque toujours en infériorité d'institutions politiques?

On pourrait encore demander ce que deviennent les fonctions des députés pendant qu'ils siégent à la chambre. La députation

---

aussi-bien que la crainte, imposer silence au devoir. Pour prévenir ses effets, ils ont statué que toutes personnes intéressées dans la perception des taxes créées depuis 1692, les commissaires pour les prises, ou chargés de pourvoir à la subsistance des troupes et des flottes, les contrôleurs des comptes de l'armée, les agens de régimens, les commis dans les différens bureaux de finances, et en général toutes personnes ayant un nouvel *office sous la couronne*, créé depuis 1705, ou une pension *durant plaisir* ou pour *un terme*, sont incapables d'être élus membres de la Chambre des Communes.

De plus, tout membre actuel de la Chambre des Communes qui accepte un office *sous la couronne*, perd sa place, et ne peut siéger que dans les cas où il serait réélu.

Lecteurs, voyez de quel côté on a veillé à l'indépendance des Députés.

dure cinq ans ; les voyages et la tenue des sessions absorberont régulièrement un espace de six mois : c'est donc seulement deux ans et demi sur cinq que les préfets et les magistrats rempliront les postes où leur présence est toujours d'un avantage incontestable (1).

Des députés fonctionnaires, dépendant du gouvernement, sont plus propres à lui faire perdre de la force qu'à lui en prêter une véritable. Dans le gouvernement représentatif la force de la majorité ne vient point de la supériorité numérique des voix qui la forment ; mais elle résulte de la probabilité de la conformité de l'opinion qu'elle exprime avec celle que la nation exprimerait elle-même. C'est donc à l'assentiment de celle-ci qu'il faut toujours revenir. Or, comment cet assentiment se-

---

(1) Les fonctionnaires sont bien à leurs postes, et pour eux et pour nous : pourquoi ne s'y tiendraient-ils pas ? Ils entrent déjà en partage d'une partie des honneurs et des avantages dont la société dispose : pourquoi ne pas laisser le reste à leurs concitoyens ?

rait-il donné à des suffrages que l'on pourrait croire n'être point entièrement indépendans, mais considérer comme le résultat obligé d'une position donnée ? On ne croit qu'aux opinions émises en toute liberté, comme aux témoignages dégagés de toute apparence d'intérêt ou de crainte. Le député est le témoin de l'opinion publique; pour la rendre dans sa vérité, il doit l'exprimer avec son indépendance. On voit par là que la dépendance présumée des députés, en affaiblissant la valeur de leur vote, affaiblit l'appui qu'ils prêtent au gouvernement, qui n'a pas besoin de la majorité comme majorité, mais comme expression de l'opinion publique, laquelle, dans le gouvernement représentatif, est le principe, le mobile, et le terme de tout.

Mais ce n'est point assez que les députés soient indépendans de caractère et de position, il faut encore qu'ils soient pourvus des connaissances analogues à l'étendue et à la variété des intérêts dont ils auront à traiter, et de plus, autant qu'il est possible, que ces connaissances soient relevées par l'éclat du talent. Dans une nation éclairée, les représentans doivent l'être; dans un siècle éclairé, ceux qui ont à se présenter devant lui, et qui lui servent pour ainsi dire d'organes, doivent parler un langage digne de lui, auquel il puisse toujours se reconnaître. Dans ces derniers temps on a osé recommander de se tenir en garde contre le talent, le dénoncer même comme un principe d'agitations et de troubles, et inviter presqu'à le bannir des assemblées. Semblable à tout ce qui existe dans la nature, le talent peut se prêter indifféremment au mal comme au bien; si par son étendue et par sa flexibilité il peut tout embrasser, par sa nature propre il n'a pas un usage déterminé. A des exemples de perturbations causées par ses éruptions violentes, on pourrait en opposer mille, où, semblable au Dieu des mers apaisant la tempête, il a, par sa seule apparition et d'un mot, dissipé les orages et ramené le calme parmi les flots d'une multitude agitée. Quand César défendait Catilina, l'éloquence de Cicéron faisait fuir le conspirateur et sauvait la patrie. Si le talent devient perturbateur, presque toujours il ne fait que suivre les désordres existant déjà dans l'état: c'est celui-ci qui contribue à l'égarer et à lui imprimer une fausse direction. Ainsi est-il arrivé parmi nous, où de grands désordres dans l'administration avaient dès long-temps précédé les agitations que l'on reproche aux talens de cette époque; mais il ne faut pas juger de toutes également, et craindre l'incendie lorsque les matériaux en sont épuisés. Or, tel est l'état actuel de la France, qu'un talent perturbateur n'y trouverait plus de place et expierait sa témérité par la perte de son crédit et de ses honneurs. Des craintes aussi frivoles ne doivent pas empêcher l'appel des hommes en état d'honorer et de défendre la patrie; la gloire d'une nation fait une partie précieuse de sa propre existence. La France a pardonné dès long-temps à l'Assemblée Constituante les maux que cette epoque vit naître par le souvenir de la gloire que lui valut la richesse inattendue des talens qu'elle déploya. Les nations sont toujours prêtes à pardonner à qui leur apporte de la gloire. La France entre dans une carrière où peuvent croître pour elle de nouveaux lauriers. La France a épuisé à peu près tous les autres : celui-là est le seul que ces temps de calme permettent de cueillir. Là encore la France va se rencontrer avec son éternelle rivale. Nations classiques de l'Europe, la France et l'Angleterre ont élevé sur leurs rivages deux tribunes émules de gloire, d'où elles se combattront encore dans le silence que la paix impose aux foudres des deux pays. Tout cœur français doit tressaillir à l'aspect de cette lutte; tous les enfans de la France doivent se montrer jaloux d'assurer la palme à leur patrie. Déjà, pour l'ordre et la régularité, la législature de France, dans son noviciat, surpasse la législature de l'Angleterre, malgré les avantages que donne à celle-ci l'expérience des siècles. De notables progrès dans l'instruction, dans le mode des délibérations, se sont fait remarquer au sein de la dernière assemblée ; on tend évidemment vers le but, et la perfectibilité qui entre éminemment dans la nature des Français, les y fera parvenir rapidement. Les orateurs anglais se laissent facilement aller à un vague, à une incorrection, à un mélange de dignité et d'abandon qui révolteraient la délicatesse du goût français. Fidèle à l'école d'Athènes et de Rome, ce goût respecte les règles sévères qu'elles ont dictées; guidé par le sentiment des convenances, le Français sépare avec soin et classe avec méthode les objets, et donne à chacun le ton de couleur que la nature lui assigne. Si l'orateur anglais s'élance avec plus de hardiesse à travers les nuages vers la voûte des cieux, le Français, d'un vol aussi rapide, mais plus mesuré, sait mieux se soutenir dans les plaines de l'air (1).

---

(1) Il n'est point rare que les discours des principaux orateurs du parlement d'Angleterre se prolongent pendant plusieurs heures. Quel talent, quel intérêt, quelle attention peuvent se soutenir pendant un pareil espace de temps !

Il doit en être de la tribune anglaise comme il en est de la scène italienne, vers laquelle quelques mor-

Fatigué de discussions de toute espèce, du vide des unes, des dangereuses obscurités des autres, l'esprit humain a, depuis soixante ans, tourné son activité vers la considération de l'ordre social, de ses principes, de sa destination, et des améliorations dont il est susceptible. Aucune occupation, plus légitime dans son principe, plus noble dans son objet, plus utile dans son but, ne pouvait lui être offerte; car il s'agit du bonheur de l'homme en société. On a donné le nom d'idées libérales à cette direction de l'esprit, qui s'associe si bien avec les plus nobles affections du cœur.

Qui voudrait nombrer les bienfaits que les

---

ceaux choisis ramènent de temps à autre l'attention des spectateurs occupés de tout autre chose que de ce qui se passe sur le théâtre.

Le goût exquis qui appartient aux Français interdit également cette prolixité et ces écarts à leur scène et à leur tribune. Il les attache à l'observation de la règle d'en bannir ce qui est oiseux, et d'en remplir les parties par un intérêt toujours croissant, jusqu'au dénouement et jusqu'à la conclusion. Cela est puisé dans la nature, vrai et beau comme elle.

rules, au milieu de toutes ces variations, le principe, rocher inébranlable au sein des flots agités, reste le même, et montre toujours la société remettant ses pouvoirs pour son plus grand avantage. En les ordonnant dans cet ordre, que fait-elle, sinon disposer autour d'elle, à des degrés différens, les sentinelles qui doivent veiller à ses intérêts? C'est toujours à ce principe que remonte toute concession de pouvoirs : on ne peut s'y soustraire, il se reproduit à chaque instant; et si, par la pensée, on se reporte à l'établissement de tous les gouvernemens connus, on n'en rencontrera pas un seul qui n'ait commencé par un enfant de la société, adopté par elle, comme étant le plus digne, c'est-à-dire comme étant celui qui offrait le plus de garanties. Car ce serait se former une étrange idée de cet être qu'on appelle l'homme, que de supposer qu'il a pu se désister de ses droits à sa direction propre, autrement que par l'espoir d'en rencontrer hors de lui-même et dans un autre une plus sûre. On ne donne pas ses droits pour rien; et, dans ce cas, la garantie est le prix de la cession : les élus des nations n'ont donc point été appelés pour eux-mêmes, mais pour elles. Forcées à faire faire avec ordre, par peu, ce que tous ou beaucoup ne pourraient faire qu'avec désordre; forcées encore, par la subdivision des besoins de la société, de distraire des travaux qu'ils exigent, le moindre nombre de ses membres, les nations ont choisi parmi ceux qui leur ont paru les plus propres à les débarrasser du soin de s'administrer elles-mêmes. Elles ont imité l'homme qui ne peut gérer toutes ses affaires par lui-même; il choisit un suppléant, après avoir cherché à s'assurer des garanties propres à servir de sauve-garde au dépôt qu'il lui confie. Dans son esprit, il recherche la lumière qui lui aidera à distinguer le vrai d'avec le faux; il interroge son cœur pour reconnaître si toutes les fibres sont d'accord avec le sentiment du devoir, de la probité, de l'honneur; il s'adresse à la renommée comme à la sentinelle et à l'écho qui découvre et qui répète tout. Promouvoir aux charges de la société, n'est donc pas accorder une faveur, une grâce, une récompense, c'est donner un tuteur, un gardien aux intérêts de la société. Maintenant que l'on pense aux précautions qu'exige ce choix, lorsqu'il ne s'agit que d'intérêts privés, et qu'on compare ceux-ci avec les intérêts publics, l'étendue et les résultats des uns, avec les bornes et les conséquences des autres, et on verra avec quelle crainte, avec quel recueillement, lorsqu'il s'agit de la destinée de ces grandes associations que l'on appelle les nations, il faut s'approcher de ces fonctions, aux branches desquelles pendent des fruits si salutaires ou si amers, auxquelles est attaché un poids si effrayant et si immense de responsabilité. Electeurs, voulez-vous les aborder sans crainte, ces redoutables fonctions? Fixez vos yeux sur la société toute entière dont vous êtes en ce moment une émanation, et dont vous réglez la destinée; prenez l'intérêt général pour boussole, ne consultez qu'elle, abandonnez-vous sans réserve à sa direction: elle vous dirigera vers un terrain solide où, d'une main assurée et d'un cœur tranquille vous pourrez jeter l'ancre, et braver tous les petits flots d'ambition et d'intrigues auxquels il est donné de troubler les mers basses des intérêts particuliers.

Le principe élémentaire de toute élection parmi les hommes est donc l'intérêt général : c'est toujours là qu'il faut revenir ; c'est la véritable intention sociale mise à nu, et accomplie. Dans cet état, l'électeur, l'homme qui agit au nom de la société, et qui exerce ses pouvoirs, a dépouillé sa propre existence pour s'identifier avec la société elle-même, pour former et exprimer les pensées que la société formerait si elle pouvait le faire ; ce n'est plus lui qui pense, qui parle, et qui agit, mais la société qui parle, pense et agit par lui. Il n'est plus père, ami, serviteur de personne ; séparé de toutes ses affections propres, il les doit toutes à la société, elle seule est sa famille, elle seule doit occuper son esprit, remplir son cœur, obtenir ses services ; il a cessé de s'appartenir à lui-même, il a transporté à la société le domaine de tout son être. Penser, agir autrement, c'est tromper la société, c'est tourner contre elle le pouvoir qu'elle a remis pour elle, c'est prévariquer dans la matière la plus grave, et prendre sur soi la plus effrayante des responsabilités.

Pourquoi faut-il que de longs et dommageables oublis nous aient forcés de prolonger la discussion de principes aussi simples, et que nous tenions notre excuse de nos malheurs? Mais le rigorisme sied bien après un long relâchement; et, lorsque les principes ont été long-temps éclipsés ou transgressés, il ne faut pas plaindre la peine pour rétablir leurs honneurs, et raffermir leur empire. Ainsi le veut cette droite raison que nous venons de montrer comme le régulateur de l'univers : elle va continuer de nous indiquer de nouveaux principes et de nouvelles conséquences tout aussi incontestables.

Le droit des nations à faire gérer leurs affaires par des hommes de leur choix étant constaté, ainsi que le but qu'elles se proposent dans cette délégation, il ne s'agit plus que de rechercher ce qui doit être observé dans la manière de l'exercer, pour arriver sûrement à remplir l'intention sociale que cet acte renferme. De ce point de vue, comme d'un poste élevé, on découvre à la fois tout ce que doit faire l'électeur, comme tout ce que doit être l'élu.

Si le but de toute élection dans l'ordre social est invariable, il n'en est pas de même de la position de chaque corps social en particulier : ils sont, comme les simples individus, sujets à mille modifications, altérations, chances de bonheur et de malheur ; des dangers peuvent les menacer et les atteindre ; ils peuvent toucher à des époques de force ou de faiblesse, de grandeur ou d'abaissement, de vigueur ou de fatigue, d'éréthisme ou d'abattement, de direction éclairée et vigoureuse, ou bien sans nerf et sans lumière, d'unanimité ou de discorde dans les vues et dans les sentimens. De pareilles variétés dans leur position commandent, comme on voit, des variétés dans les vues qui doivent diriger le choix que, dans toutes les positions, la société cherche à diriger vers son plus grand bien. Dans tous les cas, l'intention reste la même mais, pour la remplir, il faut savoir prendre les moyens assortis aux circonstances qui ont créé ces nouveaux besoins à la société. Ainsi, lorsque l'Etat est fixé, lorsqu'il est tranquille dans son sein, entouré d'un voisinage ami et sans ombrage, il peut se passer des hommes qui lui seraient nécessaires, lorsque ses institutions sont récentes et mal affermies, étonnent ou rebutent, par leur nouveauté, une partie de l'association, sont sujettes aux contradictions des uns, aux perfides embrassemens des autres; lorsqu'un sol, long-temps ébranlé, tressaille encore sous les pieds de ses habitans; lorsque la force de son tempérament lutte avec peine contre l'étendue des sacrifices qu'il s'est imposé; lorsqu'une paix équivoque, mêlée de menaces et de serremens de mains, admet des armes étrangères au sein de ses propres défenses, et des yeux observateurs au sein de ses conseils, on sent combien des nuances aussi prononcées exigent de discernement, et, pour ainsi dire, de flexibilité dans l'esprit de ceux qui ont à former l'équipage d'un vaisseau destiné à parcourir des mers où soufflent des vents et règnent des températures si différentes. C'est là que l'électeur doit mettre tout son art, pour éviter de donner à la société un agent à la place d'un autre, l'homme d'un temps pour celui d'un autre temps. Il s'agit de proportionner le levier au fardeau, le serviteur à la besogne, le moyen au but. Si la probité sociale est l'état, et, pour ainsi dire, le métier de l'électeur, la finesse du discernement est son art.

Il faut donc, avant tout, bien consulter le temps dans lequel et pour lequel on agit; sa nature, l'étendue de sa durée, ses dangers, ses ressources, enfin l'espèce des hommes auxquels les suffrages associent l'agent qu'ils vont donner à la société; car, c'est une chose fort digne de remarque. Le rapprochement et le mélange des hommes altèrent leur valeur intrinsèque; elle y ajoute ou en retranche, suivant qu'ils se trouvent plus ou moins en mesure de déployer leurs facultés, ou de leur faire trouver place. Tel qui, à telle époque ou dans tel groupe pourrait le plus, souvent ne peut pas le moins dans un autre temps et dans une autre aggrégation. Rien n'est plus important à considérer que cette évaluation des forces relatives, et rien aussi n'est plus abusif que l'uniformité des procédés ou des méthodes qui se rapportent à des choses si diverses. Il ne s'agit pas même de se décharger sur la pureté de son cœur, de la brièveté ou de la paresse de son esprit : la patrie peut avoir autant à pleurer des fautes de l'honnêteté distraite ou aveugle, que des attentats de la méchanceté vigilante et éclairée ; et les apologies des innocens ne la guériront pas davantage que les reproches que les coupables lui donnent le droit de leur adresser. Ce n'est pas tout que d'être sans reproches, il faut encore être sans dommages. Eclairez-vous donc sur la nature des circonstances dans lesquelles vous préparez vos suffrages, dirons-nous volontiers aux électeurs ; sondez bien votre terrain avant d'y poser le pied ; discernez le temps dans lequel vous avez à agir : cette connaissance vous conduira à celle des hommes qui leur sont propres, et ce discernement est à la fois au nombre de vos premiers devoirs et de nos premiers besoins.

L'intérêt général étant le but de la remise des pouvoirs que la société fait à ses agens, leur action étant étendue par elle à toutes les parties de l'association, ainsi qu'à tous ses intérêts, il est bien évident que, pour qu'il y ait de l'accord entre les moyens et le but, il faut que les élections soient faites dans un esprit dont la généralité doit exclure tout esprit de localité. Il ne s'agit pas des intérêts d'un lieu particulier, de ceux d'une partie de l'association, mais des intérêts répandus sur tous les lieux auxquels elle s'étend : on se rassemble dans un lieu déterminé, il est vrai, mais dans une intention générale.

La société ne réunit ses membres en plusieurs sections, que pour éviter les inconvéniens attachés à de trop grandes réunions; la foule et la réflexion ne vont point ensemble; mais cette subdivision purement matérielle ne fait point perdre aux réunions de cette nature leur caractère de généralité. On peut même considérer comme une fiction, l'action de ces subdivisions de la société : car c'est la société entière qui agit par chacune d'elles; celles-ci, il ne faut point s'y tromper, ne sont point commettantes, mais seulement commises, mandataires, agissant au nom et dans l'intérêt de la société. C'est donc à cet intérêt et non au sien, à cet esprit et non au sien propre, que doit se rapporter l'acte de cette fraction de la société; et comme c'est au nom et pour le compte de la société qu'elle agit, c'est dans son esprit, à l'exclusion du sien propre, qu'elle doit agir. Au moment où l'électeur entre en fonction, il se fait un changement en lui; il devient un autre homme, l'homme privé et local a disparu; l'homme public, l'homme de la société est seul resté. Une pareille disposition est incompatible avec l'esprit qui se concentre dans le cercle étroit des localités; que ces bornes soient donc franchies, et que ce soit la totalité de l'espace occupé par la société que l'on embrasse.

Il en est de même de l'esprit de famille, de parenté, d'obséquiosité, et de tous les liens particuliers créés par l'ordre social, qui unissent les hommes entre eux, et leur font contracter des obligations réciproques : ce sont souvent autant de sources de dépendance. Que dans tout ce qui dépend des hommes, comme particuliers, ils rapportent et sacrifient beaucoup à ces louables affections ; la nature, la société même qui se fortifie par tout ce qui unit ses membres entre eux, ne peuvent qu'y applaudir et y gagner. Mais dès qu'il s'agit de l'intérêt général et des fonctions qui s'y rapportent, c'est tout autre chose. Là, plus de famille, là, plus de liens de la chair et du sang, plus d'amitié personnelle : la patrie remplace tout cela ; il ne subsiste plus que la grande famille de la société, ni plus d'amitié que pour un objet cher et sacré, supérieur à tous les autres, la patrie, la société toute entière. Ceux donc qui abordent les élections pour faire prévaloir leurs affections personnelles, ou n'entendent pas leur vocation, ou trahissent leur mission : ils peuvent être de fort bons parens, de loyaux amis, mais à coup sûr ils sont de mauvais citoyens et des mandataires infidèles. Ils sont le contraire de ce que la société attend d'eux, et sous son nom, ils se substituent à elle; or ce ne sont pas des substituts, mais des organes qu'elle a voulu se donner.

C'est dans le même esprit de généralité que doit être repoussée toute tendance à exclusion commune de rang, de classe, de profession. Est-ce donc que la société distingue entre ses membres, la patrie entre ses enfans? Est-ce qu'elle n'ouvre pas également les bras à tous ceux qu'elle a portés dans son sein; qu'elle ne demande pas, qu'elle ne reçoit pas les services de tous; qu'elle ne s'est pas engagée à les associer à tous ses biens, et à ne leur interdire aucune des jouissances dont elle peut disposer? Dès qu'un membre de l'association n'est point dépourvu des qualités qu'elle a cru devoir exiger dans ceux qui s'offrent pour la servir, il a droit à tout ce qui appartient à elle, et lorsqu'elle interdit d'y parvenir sans l'accomplissement de certaines conditions, ce n'est point contre personne, mais pour elle-même qu'elle établit ces barrières; ce ne sont point des privations, des mortifications, des exclusions qu'elle a en vue de décerner; mais ce sont des garanties qu'elle a cherchées pour ses propres intérêts, dans lesquels ceux des exclus mêmes se trouvent aussi renfermés; car la société n'étant que le résultat de la réunion de tous les associés, la somme des intérêts de la société n'est aussi que le résultat de tous les intérêts particuliers; il n'y pas un acte de la société qui n'affecte tous ses membres, comme pas un acte des membres qui n'affecte le corps de la société, tant leur union est intime. Exclure, c'est bannir de la société; que ce soit pour un temps ou pour toujours, il n'y a pas moins bannissement dans un cas que dans l'autre; la durée de la peine n'en change pas la nature; on ne peut être admis dans la société, ni retranché à demi, rester à la fois en dedans et en dehors, en dehors de ses avantages, et en dedans de ses charges : tout cela est incompatible. Si une seule exclusion est une fois admise, toutes sont possibles et permises, et pour qu'elles soient réalisées, pour qu'elles soient subies alternativement par tous et chacun, il ne faudra plus que des occasions. L'histoire dépose uniformément de ce résultat. Loin donc, loin de tout électeur l'esprit d'exclusion; que son esprit et son âme s'étendent dans les mêmes proportions que la société au nom de laquelle il agit; à ses yeux, il ne doit y avoir d'autres titres que la capacité et la volonté de servir la patrie; tout ce que la loi admet, il doit l'admettre; il ne doit connaître ni la robe, ni la profession des citoyens; il ne doit rechercher que leurs facultés et leur dévouement. Sous quelque habit qu'il les trouve réunis, qu'il s'en empare, et les attache au service de la patrie; mais le même esprit général qui défend d'exclure à raison des professions, interdit par la même raison d'admettre au même titre: ce n'est point parce qu'un homme exerce telle profession qu'il doit être appelé, mais c'est parce que dans l'exercice de cette profession, il a donné des garanties de l'utilité dont il pouvait être dans les fonctions qui lui seraient confiées. La pratique contraire donnerait le droit de demander si une profession est plus chère qu'une autre à la patrie, si elle lui importe davantage, si elle n'a pas besoin de toutes pour les services divers qu'elle requiert; si, semblables aux pierres qui entrent dans la formation d'un édifice, toutes, quoiqu'à différens degrés, n'entrent pas dans la composition de l'ordre social, et s'il peut se passer d'une seule. C'est de ce service rendu à la société et non point d'elle-même, que chaque profession, suivant son rang, tire son honneur. Est-ce donc que la société rassemble ses membres pour représenter les professions qui s'exercent au milieu d'elle, et non point la collection de tous ses membres. Si une profession donnait droit à la représentation, pourquoi les autres à leur tour ne participeraient-elles point au même privilége : élire en vue de profession, c'est retomber dans les exclusions, dans les divisions, dans l'empire que les uns exercent sur les autres, dans les impatiences du joug de la part des maltraités du sort; les maux qu'un pareil ordre est propre à engendrer, sont incalculables ; on les évitetous, en mettant idées libérales ont déjà répandus sur le monde, et ceux qu'elles lui réservent encore, aurait à présenter le vaste tableau des améliorations de tout genre, qui depuis cinquante ans se font remarquer dans toutes les parties de la condition humaine : ce sont elles qui ont tout fait. Depuis les palais jusqu'aux chaumières, dans les sciences et dans les arts, dans toutes les institutions qui régissent les hommes, on reconnaît les traces bienfaisantes de leur empire toujours croissant : elles sont devenues la loi, la décoration et l'espoir de l'univers ; et cependant des hommes se font un brutal et grossier honneur de leur insulter, de leur attribuer des malheurs que leur violation seule a produits, qu'elles ont vengés en perdant les auteurs de ces maux. Ils n'empruntaient leurs apparences, que pour couvrir d'un voile honorable les crimes qu'elles réprouvent. L'ivresse rend les hommes furieux : elle égara la raison du conquérant de l'Asie, et alluma dans sa main le flambeau qui consuma Persépolis ; elle l'arma du fer qui immola Clitus. Faut-il pour cela extirper jusqu'à la racine le fruit précieux que le Ciel semble avoir créé, dans un moment de gaîté, pour ranimer les forces de l'homme, et réjouir ses esprits? A quels cruels usages la perversité de quelques hommes n'a-t-elle point fait servir ce qu'il y a de plus pur, de meilleur et de plus vénéré sur la terre? C'est le propre des petits esprits de confondre l'usage avec l'abus, et d'appeler l'un en témoignage contre l'autre. Les barbares accusateurs des idées libérales pourraient-ils entrer de bonne foi dans les fonctions qui tendent au maintien d'un gouvernement où les idées libérales tiennent une si grande place, et n'y aurait-il pas un contraste trop frappant entre le dépositaire et le dépôt? Ne courrait-on pas le risque de voir renouveler par eux ce qui eut lieu lorsqu'une partie mal-avisée de l'Assemblée Constituante préparait, sans s'en douter, les maux de la France, en triomphant d'empêcher la réélection de ses membres, dont l'éloignement fit remettre le soin de conserver son ouvrage aux mains qui s'apprêtaient à le renverser?

Le gouvernement représentatif est enfin venu donner aux finances de la France ce qui leur a toujours manqué, et ce dont l'absence fut toujours le plus funeste au peuple, un régulateur certain, et des garanties assurées de leur bon ordre à venir. L'histoire financière de tous les peuples de l'Europe moderne, l'Angleterre exceptée depuis 1688, et de loin en loin quelques règnes remarquables par de la régularité, cette histoire, dis-je, fait horreur; malheureusement la France tient une trop grande place dans ces déplorables archives. Avoir trouvé un moyen efficace d'arrêter le cours de ces calamités, et d'en prévenir le retour, comme l'a fait le gouvernement représentatif, suffit pour lui assurer des droits à la reconnaissance, et aux vœux de l'univers. Ceux donc qui sont appelés à en faire partie, doivent être pénétrés des deux principes principaux de toute finance, l'économie, et le respect pour la foi donnée.

Par économie, on n'entend point cette petitesse de vues qui cherche les ressources parmi des minuties imperceptibles dans les affaires d'un grand Etat, lors même qu'elles sont le plus onéreuses pour ceux qu'elles atteignent, qui sèment des malheurs sans guérir aucun mal; mais il faut entendre cette économie des Sully, des Colbert, qui rejette toute demande dont l'intérêt public n'est pas l'objet visible, qui résiste également à l'avidité protégée, ou masquée, et qui cherche les ressources aux sources élargies de la richesse. Après toutes les épreuves que, depuis trente ans, la terre et le ciel conjurés ont fait subir à la France, il est bien temps qu'elle respire; et le soulagement qui lui est dû, à tant de titres, ne peut provenir que de l'ordre le plus sévère dans ses finances. Il ne suffit pas que le peuple ne succombe point, il faut de plus qu'il jouisse et prospère. Ceux qui ont à déterminer ses sacrifices doivent bien se pénétrer de l'idée qu'ils portent en grande partie sur des hommes qui, étrangers à toutes les jouissances de la vie, paient de leurs sueurs et de leur sang ce qu'eux-mêmes ne paient que par la privation de quelques jouissances. La France est si vaste, si robuste, si richement dotée par la nature, que l'on ne peut désespérer de son rétablissement, si des systèmes mal conçus et des surveillans relâchés ne viennent pas y apporter des obstacles. Il en sera de même du crédit : jamais, sous le régime arbitraire, il n'a pu prendre racine ; dès que les institutions ont reparu, il s'est remontré comme un fruit attaché, par la nature, aux branches de cet arbre. Mais si le crédit momentané, que le pouvoir arbitraire parvient quelquefois à obtenir, est le père de la dissipation, dont il facilite les moyens, le crédit du gouvernement représentatif est le père de l'économie, en étant destiné à ne fournir que le moyen de dépenser mieux. Cet agent si puissant des finances modernes de l'Europe ne s'allie qu'avec la bonne foi, et fuit devant tout ce qui n'en porte pas l'empreinte : chez lui la moindre tache équivaut à un arrêt de mort. Que l'on ne donne donc à la France que des représentans pénétrés des principes les plus austères de l'économie, et de l'attachement à la foi donnée ; qui sachent examiner avant de s'engager, mais acquitter tout ce à quoi ils se seront engagés. Que l'on épargne à la France de revoir des hommes disposés à rejeter un budjet, c'est-à-dire à la commettre avec les étrangers, à rompre les contrats passés avec ceux qui ont pourvu à ses besoins, à désorganiser toute la machine de son administration, plutôt que de céder sur des systèmes destinés à rendre la vie à un ordre de choses proscrit par les lois ou par l'opinion. Enfin, et puisqu'il s'agit du renouvellement du ressort principal du gouvernement représentatif, que les amis sincères de ce gouvernement, à l'exclusion de ceux qui n'ont que le masque de cette affection, soient les seuls compris dans les élections.

En réfléchissant aux propriétés que renferme ce gouvernement, au prix qu'il a coûté, que ne doit-on pas faire pour en assurer la jouissance éternelle à la France? C'est par lui qu'a été résolu le problème à la recherche duquel l'esprit humain a consumé tant de siècles, celui qui détermine l'ordre dans lequel l'homme jouit le mieux des trois grands objets qui lui ont fait abjurer son indépendance naturelle pour accepter le joug de la société, la liberté, la sûreté, et la propriété. Le gouvernement représentatif a mis fin à la trop longue tutelle du genre humain; le gouvernement absolu est le gouvernement des peuples encore dans l'enfance; le gouvernement représentatif est celui des peuples parvenus à la virilité. Dans les anciennes républiques, tout était agitations et troubles : jamais de stabilité, jamais de paix; dans les gouvernemens absolus, tout est silence et sommeil. Le gouvernement représentatif a placé l'homme entre les deux extrêmes; il en occupe le centre déterminé par la raison, ni trop loin, ni trop près du pouvoir, à distance égale de la servitude qui plie sous tous les jougs, et de l'indépendance qui rejette tous les freins. Désormais, par le gouvernement représentatif, tous les grands abus, toutes les difformités qui blessaient l'ordre social en ont disparu ou en sont effacés. Leur existence se bornerait à des tentatives de peu de durée qui retomberaient sur la tête de leurs auteurs; par lui, ces grandes prodigalités, ces grandes faveurs, qui ont tant épuisé et scandalisé le monde, sont devenues impossibles. Comment, avec lui, bâtirait-on des Versailles, reverrait-on des Potemkin, des Prince de la Paix? Ce sont des plantes exotiques pour le sol auquel il est attaché, et qui ne pourraient jamais y prendre racine. Par le gouvernement représentatif, désormais les peuples sont mis à l'abri des caprices et des intrigues qui leur donnaient des administrateurs, et ce n'est plus que parmi les têtes désignées par l'opinion publique que l'on peut les choisir ; heureuse nécessité qui ne laisse pas aux gouvernemens la liberté de s'égarer dans leurs choix, et qui les attache aux intérêts publics par le sentiment de leur intérêt particulier !.... Si l'on veut connaître toute l'étendue du pouvoir de ce gouvernement, qu'on contemple l'Angleterre. Pendant quatre cents ans, aucun principe n'est fixé, aucun ordre établi ; pas un jour ne se passe sans déchirement et sans combat entre le prince et les sujets ; la hache ne cesse de frapper, elle atteint toutes les têtes, elle ne respecte pas même les plus augustes ; le trône tombe, et retombe après s'être relevé ; et voilà qu'après tant d'orages le gouvernement représentatif épurant l'horizon, faisant marcher le calme à sa suite, vient rendre à tout ses bases véritables, ses justes proportions, donne au trône une sécurité inaltérable, aux lois une assiette inébranlable, au peuple une part dans ses propres affaires et un esprit entièrement tourné vers les intérêts nationaux, à la force publique une énergie irrésistible, à tout le corps de la nation un embonpoint qu'aucune attaque n'a pu altérer. Dès lors, les échafauds s'écroulent; le sang cesse de couler; la paix règne partout; la richesse s'accroît; le crédit vient lui prêter son appui inattendu et inséparable; les plans et les systèmes se lient, s'enchaînent, s'exécutent; les conquêtes s'étendent; et la trop heureuse Angleterre, toujours appuyée sur ce puissant ressort, étend sur la terre et les mers un sceptre que l'on ne peut ni éviter ni briser. Dans ce gouvernement, une étroite alliance unit

Trois pouvoirs étonnés du nœud qui les rassemble.

Semblable à un fleuve majestueux et tranquille, le pouvoir royal coule entre deux rives destinées à le contenir sans le resserrer; il se charge des tributs des plaines fécondées par la douce rosée qu'il répand sur elles. Admirable alliance du prince et du peuple, par laquelle celui-ci, toujours protégé par la loi, contemple sans éblouissement, comme sans ombrage, son monarque réunissant en lui seul tous les rayons de la gloire nationale, servant seul d'interprète à la nation avec le reste de l'univers, disposant seul de toutes ses forces, et dans des régions élevées au-dessus de la terre, rassemblant en lui tout ce qui peut le mieux rapprocher l'homme de la Divinité et remplir les vœux qu'il est permis à des cœurs mortels de former!

Voilà ce que le gouvernement représentatif a valu à l'Angleterre ; voilà ce qu'il prépare à la France, s'il est remis entre des mains habiles et fidèles : tant de biens valent la peine de s'éclairer sur leur choix. L'établissement du gouvernement représentatif, en France, dépendra beaucoup de la prochaine assemblée, et par conséquent des élections qui concourront à la former. Il ne faut pas se le dissimuler : le sort d'une nation finit toujours par se faire dans sa chambre des communes ; c'est là qu'elle se retrouve et se reconnaît, parce que c'est là qu'est son image. Il y a plus, le sort du gouvernement représentatif en France décidera de celui qu'il aura en Europe. Dans l'état de communication habituelle qui s'est établi entre tous les peuples, et lorsqu'ils ne cessent point de s'offrir en spectacle et en leçon les uns aux autres, il n'est pas possible qu'un pays tel que la France n'occupe point une grande place sur cette vaste scène et dans cet enseignement mutuel. L'Europe, qui la suit d'un œil si attentif, la suivra aussi d'un pas égal. Ce qui se passera pour les élections dépasse donc et les limites de la France et les bornes du temps présent. Dans le grand événement qui se prépare, on aperçoit, dans des sens différens, quelque chose de l'éternité et de l'immensité.

Paris, ces momens suprêmes feront éclater ton patriotisme et tes lumières. Tu n'adopteras que des noms honorés par leurs vertus, par leurs talens, par l'amour de l'ordre, connus de la France et de l'Europe; que des hommes dont le fonds, comme on l'a dit des Romains, soit l'amour de la liberté et de la patrie, et qui aiment l'une en vue de l'autre.

Paris, songe à nos besoins; souviens-toi de ta gloire: l'Europe te contemple et la France se recommande à toi.

Monsieur, vous m'aviez demandé des noms, et je vous envoie des principes, l'un vaut bien l'autre. Quand vous aurez rencontré des noms auxquels ces principes puissent être bien adaptés, ne balancez pas : ce sont eux que vous cherchiez, ce sont eux qui nous conviennent. Vous m'aviez demandé des observations sur les élections qui doivent avoir lieu dans un endroit déterminé : je vous en adresse sur les élections de tous les temps et de tous les lieux. A l'époque dans laquelle nous vivons, avec un auditoire aussi éclairé que l'est le public, il n'y a plus d'attention que pour les principes et pour les intérêts généraux. Toute autre pratique s'écarterait de cette droite raison, que quelque jours de combat, qui l'attendent encore, n'empêcheront point de remplir la destination que le ciel lui a donnée, celle de servir de régulateur à l'univers.

J'ai l'honneur d'être.

Paris, 8 septembre 1817.

FIN.

A. EGRON, imprimeur, rue des Noyers, n° 37.

FAUTES A CORRIGER.

Page 2, ligne 2, donner conseil; *lisez :* donner un conseil.
— 11, — 21, *après* feux, *mettez* virgule.
— 14, — 5, *après* but, *effacez* les deux points, *mettez* virgule.
— 24, — 19, elle y ajoute ou en retranche; *lisez :* ils y ajoutent, ou bien en retranchent.
— 31, — 22, pouvait; *lisez :* pourrait.
— 32, — 21, les impatiences, *lisez :* l'impatience.
— 33, — 16, objet persévérant; *lis.* objets persévérans.
— *id.* — *id.* *après* restant, *effacez* le point, *mettez* virgule.
— 46, — 21, sa puissance; *lisez :* ta.
— 52, — 11, *après* gloire, *effacez* les deux points, *mettez* virgule.
— 53, — 1 et 2, *après* feu, embûches, *effacez* les points, *mettez* virgules.
— 58, — 8, leur défiance; *lisez :* ses défiances.
— 61, — 5, *après* richesse, *effacez* le point, *mettez* virgule.
— 63, — 13, de l'esprit; *lisez :* des esprits.
— 69, — 7, de beaucoup; *effacez* de.
— *id.* — 13 et 14, qu'elle existe; *lisez :* qu'il n'existe.
— 74, — 23, les noms; *lisez :* plusieurs.
— 82, — 16, cinquante-sept; *lisez :* cinquante-huit.

Partout où on lit : 257 députés, il faut substituer 258.

www.ingramcontent.com/pod-product-compliance
Ingram Content Group UK Ltd.
Pitfield, Milton Keynes, MK11 3LW, UK
UKHW012228240726
13966UKWH00003B/1002

9 782011 772275